S. HENRY BERTHOUD.

MARIANNE

DE

SELVIGNIES

II

PARIS,

L. DE POTTER, LIBRAIRE-ÉDITEUR,

Rue Saint-Jacques, 38.

1845

MARIANNE DE SELVIGNIES.

LIVRES DE FONDS.

La Femme d'un Ministre, par BRISSET . . . . 2 vol. in-8
Souvenirs intimes du Comte de Mesnard, premier écuyer
    de S. A. R. Madame la Duchesse de Berry. . . . . 5 vol. in-8.
Un Mari, par Madame la comtesse DASH. . . . . . . 2 vol. in-8.
La plus heureuse Femme du monde, par Mme Ch. DE SOR. . 2 vol. in-8.
La Reine des Voleurs, par JULES DAVID. . . . . 2 vol. in-8.
Tyler le Couvreur, par PAUL DE KOCK. . . . . 1 vol. in-8.
Le Château d'Eppstein, par ALEXANDRE DUMAS. . . . . . 5 vol. in-8.
La Vie d'un Matelot, par COOPER. . . . . 2 vol. in-8.
La Pythie des Highlands, par WALTER SCOTT. . . . . . 2 vol. in-8.
Les Bohémiens Parisiens, par AUGUSTE RICARD. . . . . . 9 vol. in-8.
Les Châteaux en Afrique, par Madame la comtesse DASH. . . 2 vol. in-8.
Louise d'Avaray, par JULES DE SAINT-FÉLIX. . . . . . . 2 vol. in-8.

OUVRAGES SOUS PRESSE.

Daniel, par S. HENRY BERTHOUD. . . . . 2 vol. in-8.
Le Béarnais, par BRISSET. . . . . 2 vol. in-8.
La Fille du Brigand, par S. HENRY BERTHOUD . . . . . . 2 vol. in-8.
Le Roi Berger, par CHARLOTTE DE SOR. . . . . 2 vol. in-8.
Pandolphello, par ALEXANDRE DUMAS. . . . . 3 vol. in-8.
Le Capitaine Lacuzon, par LOUIS JOUSSERANDOT. . . . . . 2 vol. in-8.
Sylvie, par madame la comtesse DASH. . . . . 2 vol. in-8.
Histoire d'un Ours, par LA MÊME. . . . . 2 vol. in-8.
Un nouveau Roman de GEORGE SAND.   »   »
La Palette d'Or, par S. HENRY BERTHOUD. . . . . 2 vol. in-8.
L'Anneau de Fer, par le vicomte d'ARLINCOURT. . . . . .   »   »

S. HENRY BERTHOUD.

MARIANNE

DE

SELVIGNIES

II

PARIS,

L. DE POTTER, LIBRAIRE-ÉDITEUR,

Rue Saint-Jacques, 38.

1845

I.

DANIEL.

La vie calme, froide et régulière de la maison du bourgmestre ne tarda point à perdre,
pour Marianne, ce qu'elle lui avait présenté
d'abord d'antipathique. Cette discipline presque claustrale, ces habitudes laborieuses s'ac-

cordaient avec la tristesse profonde de la jeune fille. Les cœurs brisés recherchent le silence et la solitude, comme le dit une admirable pensée de l'*Imitation*. La tendresse que lui témoignait madame Van-Gastel, et plus encore les douleurs maternelles de cette femme, saintement résignée à l'inflexible volonté de son mari, l'attachaient davantage, de jour en jour, à sa compagne. Elle passa donc, sans regret comme sans privation réelle, de toutes les recherches du luxe à la nudité d'une existence sévère. Le soir, quand elle entrait dans sa petite chambre sans feu, elle éprouvait presque un sentiment de joie; elle pouvait librement s'y laisser aller à ses rêveries, prier pour son père, et penser à sa mère dont le sort la tenait si cruellement séparée. Le jour, elle secondait madame Van-Gastel dans ses travaux domestiques, l'écoutait parler de son fils et laissait épanouir son cœur aux joies de cette pauvre femme qui allait retrouver l'enfant arraché à sa tendresse.

Il y a un sentiment personnel dans nos affections les plus désintéressées. Marianne eût moins compati à des douleurs qui n'eussent pas présenté tant d'analogie avec les siennes. Daniel, qu'elle ne connaissait point, lui inspirait déjà plus de sympathie que Pétrus qu'elle voyait tous les jours, et qui se montrait pour elle plein d'empressement. Pétrus recherchait, sans affectation, jusqu'aux moindres moyens de complaire à sa cousine. Il avait remarqué son goût pour les fleurs ; chaque matin, il emplissait les vases du Japon, placés sur la cheminée du parloir, d'énormes bouquets cueillis dans le jardin qui s'étendait sous les fenêtres de la maison.

Ce jardin était un vaste parterre, au milieu

duquel se trouvait une plate-bande de tulipes, jadis fort rares et d'un très-grand prix, mais qui avaient peu à peu dégénéré, et qui maintenant ne montraient plus que des calices étiolés et d'une pâleur maladive. Çà et là, au milieu de buis bizarrement taillés, se dressaient des statues d'un goût détestable, et qu'on avait barbouillées de couleurs criardes, comme si leurs costumes étranges et la médiocrité de leur exécution ne suffisaient point plus qu'il ne le fallait, pour en faire un objet ridicule.

C'était d'abord une bergère en jupe rose et sur la tête poudrée de laquelle se penchait lourdement un petit chaperon, assez semblable à une assiette de faïence. En face, grimaçait le berger, à demi-couché sur une espèce de monstre, dans lequel Marianne, après trois jours d'étude, finit par découvrir à peu près

les formes d'un mouton. Un chasseur, son fusil à la main, et un moine à face rubiconde,
complétaient ces ornements, que Marianne
ne regardait jamais, sans qu'un sourire n'en-
trouvrît ses lèvres et n'animât passagèrement
ses traits mélancoliques. Le bourgmestre attachait plus de prix à ces statues qu'à la galerie
de tableaux que lui avait laissée sa famille, et
dans laquelle il entrait rarement. Cette galerie valait un million; proposer à son posses-
seur de la vendre eût été l'offenser, et cependant il lui arrivait à peine de la visiter dix fois
dans une année. Il le faisait seulement lorsqu'un étranger ou quelque personnage de
distinction demandait à voir une collection
qui renfermait, on le sait, plusieurs des chefs-
d'œuvre populaires de l'école hollandaise et
de l'école flamande.

Marianne n'imitait point l'insouciance de

menheyr Van-Gastel pour ces trésors artistiques. Elle partageait les courtes heures de
loisir que lui laissait la discipline de la maison,
entre les fleurs du jardin et les tableaux de la
galerie. En présence des chefs-d'œuvre de
l'art et des merveilles de la nature, elle sentait son ame se ranimer et renaître un peu à
l'enthousiasme dont son père s'était complu
à cultiver, en elle, le germe.

Madame Van-Gastel ne comprenait pas
trop le plaisir que pouvait trouver la jeune
fille en s'exposant à la vivacité de l'air du
printemps, ou en passant de longues heures
dans la galerie, pour regarder des toiles enfumées. Mais cela procurait à Marianne quelques distractions et c'était un motif détermi-
nant pour que l'excellente femme favorisât,
autant qu'il lui était possible, ces goûts inno-
cents. Il n'en était pas de même du bourg-

mestre; il ne voyait, dans l'amour de Marianne pour les fleurs et pour les tableaux,
qu'une manie sans mérite et pleine d'affectation. Selon les idées rigoureusement positives
de cet homme, il ne fallait pas que l'intelligence
d'une femme s'élevât au-dessus des devoirs domestiques; il comptait parmi les plus grands
défauts dus, par Marianne, à son éducation,
le goût que lui inspirait les arts et les émotions qu'elle ressentait en présence des merveilles de la nature. A ses yeux, l'enthousiasme était une exagération et pour ainsi dire
une folie.

Pendant la semaine, Marianne ne sortit
point, une seule fois, de la maison du bourgmestre. Le dimanche matin, l'observance
stricte du jour consacré au Seigneur commença, dans tout le logis, sans transaction.
Madame Van-Gastel, parée, dès son lever,

d'une robe de soie, et la tête couronnée d'un cap-oor plus riche encore que sa couronne habituelle, portait en outre un magnifique collier de diamants dont la monture antique datait au moins de trois siècles.

— Mon enfant, dit-elle à Marianne, tandis que nous allons nous rendre à l'oratoire de la religion réformée, vous irez, de votre côté, prier Dieu à la chapelle catholique. Cette chapelle se trouve sur notre passage; nous pourrons vous y conduire; vous reviendrez ensuite seule au logis; l'office catholique dure beaucoup moins longtemps que le prêche.

— Seule? répéta Marianne avec surprise, personne ne m'accompagnera-t-il?

— Seule, mon enfant; les usages de la

Frise permettent à une jeune fille de sortir et d'aller par la ville sans que personne l'accompagne. Lewardeen ne présente ni l'étendue, ni les dangers de Paris; la ville entière veille sur chaque femme qui parcourt ses rues. L'oisiveté et la curiosité sont deux duègnes infaillibles qui tiennent toujours leurs infatigables yeux attachés sur les jeunes filles.

A neuf heures, après un court déjeûner, madame Van-Gastel s'enveloppa d'un manteau de laine blanche, en jeta un semblable sur les épaules de Marianne, prit sa bible et sortit de la maison, accompagnée du bourgmestre, de son fils, des commis et des deux servantes, la tête ceinte de leur cap-oor d'argent, et du bonnet brodé à longs plis.

Arrivée devant une petite porte basse, sur laquelle on avait peint une croix noire et le monogramme du Christ, madame Van-Gastel montra, du doigt, à Marianne cette humble entrée, et continua son chemin. Interdite, confuse, car elle se trouvait, pour la première fois de sa vie, seule dans la rue, Marianne poussa timidement la porte, entra dans une petite cour, et vit une centaine de personnes agenouillées sur un escalier. Peu d'instants après, un vieux prêtre, revêtu du costume sacerdotal, fendit la foule et monta lentement, le calice à la main, les marches roboteuses de cet escalier.

Le catholicisme n'avait point, et n'a point encore aujourd'hui, d'autre église à Lewardeen. C'est dans un grenier que l'église romaine y rassemble ses fidèles, peu nombreux d'ailleurs.

Plus émue devant cette pauvreté, qu'elle ne l'eût été dans une cathédrale, elle pria longtemps et avec ferveur. Quand l'office fut terminé, le prêtre adressa à ses ouailles une courte et touchante allocution dont Marianne, qui étudiait avec ardeur la langue hollandaise, put saisir le sens général. Ensuite elle sortit de la chapelle avec les autres personnes et hésita, quelques instants, pour savoir quel chemin menait à la maison du bourgmestre. En portant les yeux autour d'elle, elle aperçut Pétrus, qui, de son côté, tenait ses regards attachés sur la foule. Dès qu'il aperçut sa cousine, il accourut vers elle, lui présenta son bras, et la reconduisit chez son père. Il ne lui adressa point un seul mot, chemin faisant, répondit aux questions de Marianne avec brièveté, la ramena jusqu'à la porte, qu'il ouvrit et disparut.

Quand madame Van-Gastel fut de retour, l'orpheline lui conta naïvement son embarras et comment son cousin Pétrus était venu à son aide.

Madame Van-Gastel pâlit.

— Silence, dit-elle, Marianne! Silence ! Gardez-vous d'apprendre à mon mari que Pétrus a quitté la chapelle pendant l'office. Le bourgmestre doit ignorer surtout que son fils a commis une pareille faute, pour vous ramener. Ce serait nous exposer tous à la colère de menheyr Van-Gastel, et, vous le savez, sa colère ne pardonne jamais.

Dès ce moment, madame Van-Gastel veilla sur Pétrus et sur Marianne avec une inquiète sollicitude. Pendant la seule heure de la journée qui les réunissait à table, elle épiait sans cesse les deux jeunes gens, comme si quelque grand danger les eût menacés. Marianne était toujours la même; rien ne semblait avoir altéré sa sérénité mélancolique. Elle avait sans doute oublié l'émotion de madame Van-Gastel en apprenant les soins de Pétrus pour l'orpheline; peut-être même la circonstance, cause de cette émotion, s'était-elle effacée tout-à-fait de sa mémoire. Il n'en était pas ainsi de Pétrus; sa mère le voyait parfois jeter sur la jeune fille un regard ardent et furtif. Il avait, du reste, repris ses habitudes taciturnes, échangeait à peine quelques paroles pendant le repas, et quittait la salle à manger dès qu'on se levait de table.

Madame Van-Gastel n'avait jamais trouvé, chez Pétrus, les épanchements et la tendresse confiante d'un fils. Grave et concentré, il semblait avoir reçu de son père une volonté de fer. Néanmoins, il se montrait timide, mais de cette timidité qui recèle un orgueil immense, un orgueil qui, faute d'espace, ne peut déployer ses ailes et relever la tête. Pour lui, désirer, c'était vouloir; vouloir, c'était attendre, avec une redoutable persévérance, le moment où l'objet de ses désirs se trouverait enfin à sa portée. Une lutte entre le père et le fils serait épouvantable : elle devenait inévitable si l'amour pour Marianne, qui semblait naître dans le cœur du jeune homme, n'était point étouffé. Or, une vie, solitaire et sans distraction, n'était guère propre aux luttes contre la passion. Le seul moyen de victoire possible, en pareil cas, c'est l'éloignement. Rester en présence, amène une défaite infaillible. Déjà, madame Van-Gastel voyait Pétrus malheureux et peut-être banni de la maison paternelle, comme son frère. Au moment où le ciel lui ramenait un de ses enfants, il fallait qu'elle tremblât pour l'autre, et qu'elle se préparât de nouveau aux douleurs des dissensions de famille et d'une séparation funeste.

Toute la semaine s'écoula sans rien changer à cette situation.

Le dimanche venu, Marianne se rendit seule à la messe. Madame Van-Gastel l'y envoya quelques minutes avant qu'elle ne se rendît elle-même avec sa famille au temple protestant.

Marianne arriva d'assez bonne heure pour pouvoir se placer près de l'autel. Quelques personnes se trouvaient déjà dans la chapelle. Un étranger, dont les manières et le costume annonçaient de la distinction, se tenait agenouillé devant le tabernacle; il priait avec ferveur. Quoiqu'il se fût placé dans la partie la moins éclairée de la petite église, à laquelle une fenêtre apportait son unique jour, Marianne se sentit distraire de sa dévotion, par la ferveur de l'inconnu qu'absorbait un recueillement voisin de l'extase. Le saint sacrifice terminé, l'inconnu laissa écouler la foule et sortit le dernier. Marianne dut elle-même attendre que tout le monde se fût retiré, avant de pouvoir descendre l'escalier et regagner la maison de son tuteur. A sa grande surprise, le jeune homme prit la même direction qu'elle. Sans oser se retourner, elle entendit et reconnut ses pas qui la suivaient et qui résonnaient derrière elle. Troublée par une émotion vague et sans motif plausible, elle espérait, à chaque détour formé par les rues, qu'il allait prendre une autre route. Il n'en advint rien. Elle hâta sa marche, arriva à la porte du bourgmestre et l'ouvrit avec la clé que lui avait remise madame Van-Gastel. Au moment où elle allait entrer, elle se retourna : l'étranger était là, debout devant elle, et déjà un pied sur le seuil.

Au petit cri de terreur que jeta involontairement Marianne, un léger sourire se montra sur les lèvres de l'inconnu.

— Vous désirer parler à menheyr Van-Gastel? Il n'est point encore revenu du temple protestant, dit-elle, en recourant à tout ce qu'elle savait de langue hollandaise. Menheyr, ignore peut-être que, le dimanche, le bourgmestre ne s'occupe point d'affaires et ne reçoit personne?

— Je suis attendu, répondit le jeune homme, qui s'exprima en français, comme s'il eût compris que la jeune fille était Française; vous qui semblez faire partie de la famille Van-Gastel, vous devez le savoir, on y attend quelqu'un. Je suis Daniel.

— Vous! Oh! quelle sera la joie de ma bonne mère d'adoption.

— Vous êtes la fille adoptive de ma mère, reprit Daniel, qui se découvrit avec une respectueuse émotion, pour entrer dans la maison paternelle. Béni soit le Seigneur qui a mis une bonne œuvre dans ce logis : la vraie lumière est fille de la charité !

— Venez, dit Marianne rassurée, venez; votre mère ne vous attendait pas sitôt. Elle pensait que vous arriveriez seulement dans un mois. Nous jouirons de sa surprise et de son trouble.

Tandis que Marianne parlait, Daniel portait autour de lui des regards pleins de larmes.

— Mon Dieu! dit-il, donnez-moi la force d'accomplir mon sacrifice! Sans vous, sans votre appui, je le sens, je succomberais!

Marianne s'approcha de lui avec intérêt.

— Vous souffrez, lui demanda-t-elle.

— Oui, je souffre, dit-il. De redoutables épreuves m'attendent dans cette famille près de laquelle je reviens. Vous prierez pour moi, n'est-ce pas, mademoiselle? Les prières d'une jeune fille, pure et sainte, doivent être écoutées de Dieu.

— N'êtes-vous pas le fils de ma bienfaitrice ?

Il tressaillit.

— Voici votre mère, voici votre mère ! s'écria Marianne, qui reconnut le pas de madame Van-Gastel dans le corridor.

A la vue de Daniel, la pauvre mère pensa s'évanouir.

— Mon fils, dit-elle, mon fils, te voilà rendu enfin à ma tendresse. Dieu nous a réunis... Marianne, mon enfant, que je suis heureuse et qu'un pareil moment console de bien des maux !

Elle le fit agenouiller devant elle pour mieux le voir.

— Deux années vous ont bien changé, dit-elle; vous êtes parti adolescent, Daniel, vous revenez un homme fait. N'importe, vous êtes toujours mon beau, mon bien-aimé Daniel. Est-ce le chagrin qui a dépouillé votre front de ses cheveux? Courbez-vous, je veux le couvrir de baisers. Vous revenez donc près de moi?.... Méchant, vous ne me quitterez plus, n'est-ce pas? Si vous saviez ce que j'ai souffert pendant votre absence, mon pauvre Daniel! Dieu, en nous séparant, m'a puni de ma faiblesse pour vous. Je ne veux plus de séparation, maintenant! Marianne, regardez-le donc! c'est mon Daniel, ce Daniel dont je vous ai parlé tant de fois avec tristesse, et qui maintenant me fait pleurer et rire de joie!

— Menheyr Daniel m'a bien fait peur tantôt, dit Marianne; au sortir de la chapelle, il suivait la même route que moi : jugez de mes

craintes !... Ça été bien pis quand il s'est ar-
rêté à votre porte ! Je ne soupçonnais guère
que cet étranger fût votre Daniel, un nouveau frère pour moi; surtout un co-religion-
naire !

— Au sortir de la chapelle catholique ?
dites-vous, Marianne ! demanda madame Van-
Gastel, qui semblait n'avoir entendu que ces
mots. La chapelle catholique ? Daniel, que signifie cela ? Pourquoi n'est-ce point près de
votre mère et de votre famille que vous êtes
venu remercier le Dieu, dont la bonté vous
rendait à leur amour.

Daniel hésita quelques instants.

— Ma mère, j'ai été élevé dans la foi catholique; en l'abjurant, je n'avais fait que

céder à la violence : je suis retourné au Dieu de ma croyance véritable.

Un coup de foudre n'eût point frappé plus terriblement madame Van-Gastel. Sans Marianne, elle serait tombée aux pieds de son fils. Cependant Daniel tenait la main de sa mère.

— Pardonnez-moi, lui dit-il, pardonnez-moi; c'est la seule désobéissance que vous aurez jamais à subir de ma part. Mais vous le savez, ma mère, la tante qui m'a élevé était catholique, et m'a initié aux mystères de cette religion sainte. En Allemagne, je n'ai pu lutter longtemps contre les remords de ma conscience et de ma conviction. J'ai obéi à la voix de Dieu qui me rappelait à lui...

— Hélas! hélas! gémit madame Van Gastel.

— C'est cette foi d'amour et d'humilité qui me ramène près de vous. « Vous avez désobéi à votre père, m'a dit le directeur de ma conscience, celui qui avait jadis versé sur mon front l'eau du baptême. Implorez son pardon; renoncez à la position honorable que vous vous êtes créée par votre travail; étouffez les projets qui bouillonnent dans votre cerveau, et desquels vous attendiez la fortune et la gloire; implorez le pardon de votre père; soumettez-vous à ses moindres volontés. » J'ai humblement reçu ces ordres, et me voici, ma mère. Me repousserez-vous?

— Moi, te repousser, dit-elle, moi, ta mère! moi qui t'aime comme une insensée! moi qui ne t'ai point vu depuis tant d'années...

Mais ton père!... malheureux enfant, ton père, quand il saura ta conversion, il ne voudra voir en toi qu'un renégat ; il maudira ton apostasie ; car il nommera ainsi ton abandon de la foi de tes pères ! Daniel, mon fils, si tu m'aimes, que ce terrible secret reste entre nous trois. Ta foi nouvelle ne peut te faire un devoir de braver ton père et d'amener, dans ta famille, la discorde et le malheur. Je n'ai plus la force que j'avais autrefois ! Vois-tu, si les luttes déplorables qui ont eu lieu jadis entre ton père et toi se renouvelaient, elles me tueraient en peu de jours.

— Je ne puis renier le maître céleste auquel j'appartiens, ma mère.

— Du moins, mon fils, attendez ! N'avouez rien, encore ; tenez caché votre secret pendant quelques jours! Je ne vous demande que quelques jours!

— Je vous obéirai, ma mère.

—Maintenant, il faut que j'essuie mes yeux; je ne veux pas que votre père puisse voir que j'ai pleuré... Qu'importe? Une mère qui retrouve son fils peu bien répandre des larmes!... Marianne, pas un mot, n'est-ce pas? Mon Dieu, je vais te recommander cela à toi? que je suis folle! Pardonne-moi, n'es-tu point la prudence et la sagesse même?

Marianne alla prévenir le bourgmestre et Pétrus de l'arrivée de Daniel. Pétrus accourut aussitôt et serra la main de son frère avec plus de cordialité qu'il n'avait l'habitude d'en témoigner. Huit ou dix minutes s'écoulèrent

avant que menheyr Van-Gastel n'arrivât: A
la fin, la porte s'ouvrit et il parut. Daniel se
jeta à ses pieds, son père l'accueillit froide-
ment et ne daigna même pas le relever.

— Mon père, voudrez - vous oublier le
passé et me le pardonner? demanda le jeune
homme toujours à genoux.

— Peut-être!... Si vous vous rendez digne
de ce pardon, répliqua le bourgmestre. Les
misères et les épreuves de quatre années
vous ramènent ici, et non le repentir. Si j'ai
consenti à vous recevoir, c'est par respect
pour le nom que vous portez ; c'est pour vous
empêcher de le souiller. L'avenir me prou-
vera si vous méritez le pardon que vous sol-
licitez. Je ne l'accorderai qu'au temps.

Ces paroles serrèrent douloureusement le

cœur de Marianne. Madame Van-Gastel fit un mouvement vers son fils; un regard de son mari l'arrêta.

— Relevez-vous maintenant, monsieur.

Daniel se releva. Une pâleur mortelle couvrait son visage, et un sourire résigné contractait ses lèvres. Marianne ne put réprimer un mouvement généreux.

— Ce n'est point la misère qui ramène M. Daniel, fit-elle en s'avancant vers menheyr Van-Gastel.

—Silence! interrompit durement le bourgmestre: faut-il que je vous rappelle que vous êtes une étrangère dans cette maison? Fussiez-vous d'ailleurs ma propre fille, je ne souffrirais point que vous élevassiez la voix en ma présence, sans avoir été interrogée. Si M. Daniel a jugé convenable de vous faire ses confidences, vous devriez du moins avoir la pudeur de les taire; nous ne sommes point ici en France!

Une vive rougeur, causée plutôt par l'indignation que par la confusion, anima les joues de Marianne, et se répandit jusque sur son cou et sur sa poitrine; elle essuya une larme.

Pendant que le bourgmestre la réprimandait, Pétrus s'était placé près d'elle comme pour la protéger. Ce mouvement n'avait pas échappé au regard perçant de son père; il fronça le sourcil, et ordonna, par un signe impérieux à son fils, de s'éloigner.

— Mademoiselle compte déjà bien des protecteurs dans cette maison, reprit-il d'un ton plein de colère.

La jeune fille baissa d'abord les yeux, mais elle les releva courageusement sur menheyr Van-Gastel, qui ne répondit point à cette protestation pleine de noblesse et d'énergie, dans son silence.

— Demain, à sept heures, continua-t-il, vous vous rendrez, Daniel, dans mes bureaux, et vous remplirez la besogne dont Coppens se trouvait chargé. J'ai renvoyé Coppens.

Madame Van-Gastel fit un mouvement de surprise douloureuse.

— Vous avez renvoyé le plus ancien de nos commis ?

— Je n'ai point l'habitude de rendre
compte des motifs qui me font agir : cependant, je veux bien vous dire que Coppens,
malgré mes remontrances, a manqué plusieurs fois d'exactitude à se rendre dans mes
bureaux ; cette faute, s'est renouvelée deux
jours de suite.

— Il est malade, mon père, balbutia Pétrus, que la présence de Marianne et la réprimande qu'elle avait reçue, enhardissaient à
montrer courageux.

Le bourgmestre se retourna dédaigneusement, ne répondit point, et sortit du parloir,
laissant sa femme silencieuse et anéantie ;
Marianne, les yeux pleins de larmes et Pétrus,
le cœur serré de rage. Daniel, calme et résigné semblait prier intérieurement.

II.

En Hollande et surtout en Frise, les catholiques sont en petit nombre. Les préjugés
laissés par les souvenirs de l'inquisition espa-
gnole et par la révocation de l'édit de Nantes,
pèsent encore sur eux de toute leur énergie ;
ils en font, sinon des parias, du moins une

secte mal vue, sur laquelle pèse l'intolérance déjà trop naturelle aux protestants. Cette disposition hostile, comme toute persécution plus ou moins avouée, a pour résultat inévitable de raviver, sans cesse, la ferveur de ceux contre lesquels elle sévit.

Lorsque menheyr Van-Gastel, six années après son mariage, se vit dans la nécessité de quitter l'Europe, et d'aller s'établir pour plusieurs années dans les colonies hollandaises, il avait d'abord eu la pensée d'emmener avec lui ses deux fils. La santé du plus jeune se trouvait si faible et le climat de Batavia menaçait de lui devenir si fatal, qu'il dut, quant à Daniel, renoncer à ce dessein.

Madame Van-Gastel, en versant des larmes de désespoir, confia donc son enfant à une tante qu'elle avait en Belgique et sur la tendresse de laquelle elle pouvait compter.

Cette parente était catholique : elle eut, par conséquent, regardé comme un crime de ne pas élever son pupille dans la religion hors laquelle sa foi lui enseignait qu'il n'est point de salut.

Après douze années d'absence, M. Van-Gastel revint en Hollande : il connut alors seulement que Daniel avait été élevé dans une croyance réprouvée, et il reprit sur-le-champ son fils, malgré les prières, les larmes et les menaces de sa parente. Il ne tint compte ni de la tendresse dont cette femme avait entouré Daniel, ni de l'héritage considérable dont elle le frustrerait infailliblement si l'on résistait à ses sollicitations. Le bourgmestre, avec l'opiniâtreté qui le caractérisait, emmena Daniel ; il fallut que l'enfant se courbât sous les doctrines de la réforme et abjurât la foi catholique. Le lendemain de cet acte de tyrannie, la vieille fille fit savoir à son parent qu'elle voulait, par testament, léguer tous ses biens aux hospices de Bruxelles, sa ville natale.

M. Van-Gastel s'attendait à cette exhérédation. Néanmoins, quand il en reçut la nouvelle, ce fut un coup qui le frappa au cœur ; sa haine contre le catholicisme en doubla et rejaillit même un peu sur la cause innocente de ce fâcheux évènement. Daniel n'avait cédé, qu'après une vive et longue résistance à la volonté implacable de son père. Il avait longtemps opposé aux enseignements du ministre protestant, chargé de le ramener dans les doctrines réformées, cette redoutable force d'inertie contre laquelle la violence elle-même reste souvent sans effet.

Menheyr Van-Gastel, que la pensée des dragonnades et des conversions l'épée à la main, jetait dans une véritable rage, recourut sans scrupule et sans hésitation à de véritables tortures pour arracher un enfant de quatorze ans à la foi dont on avait imprégné son enfance. En agissant ainsi, menheyr Van-Gastel suivait moins ses convictions religieuses, qu'un sentiment de confusion et de honte. Il ne pouvait se faire à la pensée que les habitants de la ville où il remplissait les fonctions de premier magistrat, eussent le droit de lui reprocher la présence d'un renégat dans sa propre famille. Il regardait lui-même la conversion de son fils, comme une

tache humiliante pour la loyauté irréprochable du nom qu'il portait. Enfin, quoiqu'il
cherchât à se le dissimuler à lui-même et qu'il
ne parût guère pratiquer, des sentiments de
la paternité, qu'une autorité despotique, son
cœur préférait secrètement Pétrus à Daniel.
D'abord, il avait vu élever, sous ses yeux, le
premier; peut-être ensuite retrouvait-il encore dans ce jeune homme des rapports de
caractère qui excitaient sa sympathie. Pétrus,
d'ailleurs, n'opposait jamais la moindre résistance aux volontés de son père, tandis que
Daniel rêvait l'indépendance et s'efforçait
d'échapper au sillon qu'on l'obligeait à tracer
d'une façon pénible et servile.

Entraîné par une imagination enthousiaste
et pleine de poésie, le plus jeune des fils du
bourgmestre négligeait souvent les devoirs

positifs que lui prescrivait son père pour se jeter dans les rêves de l'espoir et de l'infini. De son côté le bourgmestre, comme les enfants qui tiennent un oiseau captif, se complaisait à faire sentir à Daniel les nœuds et les liens qui l'empêchaient de déployer ses ailes et de s'élever vers le ciel. Il le malmenait avec rudesse, relevait ses moindres fautes, lui démontrait son inaptitude pour les affaires, et ne l'en forçait pas moins à s'astreindre à leurs travaux et aux études du commerce.

La tendresse et l'indulgence que madame Van-Gastel prodiguait secrètement à son fils cadet, n'adoucissaient que faiblement les souffrances de Daniel. Il voyait dans sa mère, plutôt une compagne d'infortune qu'une consolatrice. Quand il venait pleurer près d'elle, il fallait qu'il le fît mystérieusement, comme s'il eût commis une faute; le bourg-mestre voulait non-seulement qu'on lui obéît, mais encore qu'on ne parût point souffrir de l'obéissance. Dans cette situation, il arriva qu'un jour Daniel, humilié d'une façon cruelle par son père, en présence des commis de la maison et de plusieurs étrangers, sortit des bureaux et revint une heure après annoncer à son père qu'il allait quitter la maison. Une violente colère contracta le visage de menheyr Van-Gastel; sans la pauvre mère qui s'élança entre le père et le fils, peut-être un malheur serait-il advenu !

Tour à-tour, les traits du bourgmestre s'empourprèrent d'une rougeur sanglante et se décomposèrent sous une lividité sépulcrale.

Daniel, les yeux baissés, mais résolu,

mais immuable, mais aussi déterminé dans sa volonté que l'était son père, resta debout et silencieux. Menheyr Van-Gastel, par un effort surhumain, parvint à retrouver enfin l'usage de la parole.

— Partez, dit-il, partez, fils indigne et désobéissant, partez, menheyr! Que la malédiction d'un père vous accompagne! Ne m'écrivez point; vos lettres ne seront reçues ni par moi, ni par votre mère. Si jamais votre mère me désobéissait sur ce point, elle deviendrait pour moi une étrangère, comme vous devenez vous-même pour moi, dès ce moment, un inconnu : mon cœur et ma mémoire ne garderont aucun souvenir de vous. Partez, je vous défends de passer cette nuit sous mon toit.

Daniel obéit sans répondre et sur l'heure

même. Disons-le cependant , quand il échan-
gea un regard de douleur avec sa mère ,
quand il passa sous ses fenêtres, son cœur se
brisa : il faillit tomber aux genoux de son
père et implorer son pardon ; l'orgueil qu'il
tenait du sang paternel le retint. Il ne céda
point, malgré son désespoir.

Daniel partit donc pour l'exil. Il se rendit
à Vienne, et entra chez un ingénieur qui ne
tarda point à reconnaître, dans son élève, une
de ces hautes intelligences qui sont les sœurs
du génie. Quatre années s'écoulèrent. Déjà
le fils du bourgmestre inventait et allait mettre
à exécution de grands projets, pleins de succès, de fortune et de gloire, quand un
soir, errant dans les rues de Vienne, il
passa près d'une église catholique. Il entendit arriver jusqu'à lui les psaumes que

disaient les prêtres. Il s'émut; les souvenirs de sa jeunesse et de ses croyances vinrent en foule assaillir son ame. Il pénétra dans la nef : c'était un de ces vieux monuments dont l'aspect vénérable se trouve en si parfaite harmonie avec la religion romaine. Des cierges jetaient partout leurs ombres et leurs lumières; une procession promenait ses longs replis à travers les colonnes et les chapelles de l'église, tandis que les voix des prêtres chantaient un hymne à la Vierge. Peu à peu, le cortége approcha de Daniel; il vit le crucifix porté par des enfants de chœur, passer devant lui, les bras étendus sur l'arbre de rédemption. La bannière sainte précédait les doubles files des chantres, courbés par l'âge, des diacres et des sous-diacres calmes et recueillis dans leur ferveur, et des prêtres qui marchaient lentement, vêtus de riches chasubles et d'étoles où flamboyaient l'or et les pierreries. Derrière eux, quatre bourgeois âgés portaient un dais de velours; sous ce dais resplendissait l'étoile immaculée de l'Eucharistie. La foule s'agenouilla en baissant la tête, et Daniel se prosterna en pleurant... Il avait reconnu, dans le prêtre qui portait l'hostie divine, le saint homme qui l'avait autrefois, chez sa tante, initié aux redoutables mystères du catholicisme. Dès ce moment, la foi de sa jeunesse se réveilla impérieusement dans l'ame de Daniel. Il lutta, la nuit entière, contre son trouble et contre ses remords. Le matin, un pouvoir irrésistible le ramena dans l'église. Cette fois il vit le vieux prêtre monter à l'autel, le calice à la main. Daniel, quand l'homme de Dieu quitta la chapelle, vint tomber à ses pieds, entra dans un confessionnal, y fit l'aveu de son apostasie forcée et n'en sortit qu'après avoir abjuré ses erreurs.

Le père Jérôme était un de ces prêtres qui ne transigent jamais avec le devoir, quelles qu'en soient l'étendue et les conséquences. Dans sa jeunesse, pendant la révolution, il était entré en France pour y porter le pain de l'Évangile aux villages sans pasteur, et n'avait que par miracle évité l'échafaud. Plus tard, il avait accepté les périlleux devoirs de missionnaire dans les Indes, et ne s'était consolé de renoncer au martyre qu'il bravait chaque jour, qu'en revenant se dévouer aux victimes qu'une terrible épidémie frappait sur la frontière méridionale de l'Autriche. Gravement malade, épuisé par les fatigues c'est alors que l'ordre de ses supérieurs l'avait envoyé en Belgique où il était devenu le directeur spirituel de Daniel et de sa tante.

Quand il apprit que Daniel avait quitté son

père, en bravant son autorité; quand il sut que ce père outragé avait maudit son fils, il engagea le jeune homme à employer tous les moyens possibles, pour obtenir un pardon sans lequel il resterait frappé d'un funeste anathême.

—Humiliez-vous sous la main qui vous a frappé, dit-il; renoncez, s'il le faut, à tout votre avenir de renommée et de fortune; astreignez-vous aux travaux les plus antipathiques, pour que votre père vous pardonne et que Dieu efface du livre de la vie la malédiction que votre père a fulminée contre vous. Dieu exauce les malédictions des pères.

Daniel obéit avec la simplicité de cœur que donne une foi vive et jeune. A Paris, un père qui maudirait son fils serait accusé de tendance mélodramatique, et n'empêcherait sans doute pas le jeune homme de passer gaîment sa soirée à l'Opéra. Chez les Hollandais, surtout chez ceux qui sont nés dans la province solennelle et patriarcale de la Frise, une malédiction trouble le sommeil, agite l'ame et ne laisse pas en repos les esprits forts eux-mêmes.

Dès que la voix du père Jérôme, et les ordres de son directeur de conscience vinrent s'unir aux remords de Daniel, celui-ci finit par se résoudre au parti extrême qu'exigeait de lui le prêtre; il écrivit donc à son père la lettre qu'on a lue tout-à-l'heure. Daniel, en agissant ainsi, cédait de plus aux influences impérieuses de sa tendresse pour sa mère et au mal du pays. Au milieu de Vienne, de cette ville qui peut seule lutter,

peut-être, avec les merveilles artistiques de
Paris, il respirait mal à l'aise et s'attendris-
sait au souvenir des rues silencieuses de
Lewardeen. La Frise lui apparaissait avec son
ciel mélancolique, avec son air humide et imprégné des émanations du Zuyderzée, avec
ses beaux lacs qui ressemblent à des mers,
qui en portent le nom, et dans lesquels s'a-
gitent les vagues d'une eau tumultueuse.

Ce fut le père Jérôme qui dicta la lettre
écrite par Daniel à son père. Plus d'un mois
s'écoula avant que la réponse suivante
n'arrivât :

« Si vous êtes résolu à m'obéir en tout, je
« veux bien consentir à vous laisser rentrer
« dans ma maison. »

Le jeune homme, les yeux pleins de larmes,

montra cette lettre au père Jérôme : le vieux prêtre étendit vers le crucifix sa main mutilée par les tortures des Indiens, et montra les plaies du rédempteur :

— Celui-là, dit-il en souriant, a-t-il hésité devant les volontés de son père? A-t-il détourné la tête du calice d'amertume?

Dès le lendemain, Daniel fit savoir à l'ingénieur, son collaborateur et son maître, qu'il se disposait à quitter Vienne, et qu'il renonçait à tous ses projets pour aller se faire commis à Lewardeen. L'ingénieur crut que Daniel perdait la raison; il lui démontra ce qu'il y avait d'absurde et d'insensé dans une décision pareille, le pria de ne point y persévérer, et lui rappela les avantages de fortune et de renommée qu'il foulait aux pieds par son départ.

Daniel soupira, opposa à son ami une volonté imperturbable, et se mit en route pour Lewardeen, après avoir, une dernière fois, reçu la bénédiction du père Jérôme.

Comme il n'arrive que trop souvent, le vieillard, parmi les instructions qu'il avait données à son pénitent, avait oublié la plus importante pour un catholique placé au sein d'une famille protestante. Il n'avait prévu ni l'indignation du père, ni les larmes de la mère. Daniel lui-même, dans la ferveur de sa pieuse résolution, n'avait point réfléchi aux conséquences dangereuses de cette position, qui le replaçait inévitablement en face de la malédiction paternelle. Il se demandait s'il n'était pas indigne d'un chrétien de cacher sa foi et de désavouer, même par le silence, sa croyance et son Dieu.

Et cependant, n'était-ce pas braver son

père, n'était-ce pas jeter de nouveau le désespoir et le trouble dans sa famille, que de
proclamer son retour aux croyances réprou-
vées par menheyr Van-Gastel? Sa mère lui
avait demandé de tenir caché son secret pendant quelques mois : en cédant, n'avait-il pas
déjà fait une concession coupable ?

Telles furent les pensées qui, le jour de
son arrivée, l'agitèrent pendant toute la nuit
et qui, jusqu'au matin, l'empêchèrent de
dormir.

A sept heures, il entendit frapper à sa
porte; c'était la voix de son père qui venait
l'éveiller et l'appeler sur-le-champ au travail.
Il se leva à la hâte, s'habilla, se disposa à
descendre dans les bureaux, et ouvrit la
porte qui donnait sur un corridor à peu près
obscur... Ses regards furent frappés par des

caractères, tracés sur la légère couche de sable, qu'il est d'usage, en Hollande et en Belgique, de tamiser devant chaque seuil, pour empêcher les pieds de souiller le plancher. Il chercha à déchiffrer ces caractères que le bourgmestre, sans le savoir, avait à demi effacés en passant dessus. Jugez de sa surprise, quand il lut distinctement :

Gardez votre secret et consultez le père Jérôme.

—Le père Jérôme! Qui donc pouvait connaître, chez le bourgmestre, un nom que Daniel n'avait confié à personne? Sa mère elle-même ignorait le nom du vieux confesseur... Était-ce sa mère? Était-ce Pétrus? Pétrus ne savait pas son secret, et sa mère eût eu recours à un moyen moins dangereux. Marianne! elle eût également parlé... D'ailleurs, cette enfant ne pouvait connaître le père Jérôme qui n'avait point mis le pied en France depuis quarante ans.

Il effaça les caractères mystérieux et descendit près du bourgmestre.

Quand vint le moment du dîner, c'est-à-dire lorsque midi sonna, il parla des arabesques tracés sur le sable qui jonchait sa porte, et félicita la servante de l'adresse avec laquelle elle exécutait ces dessins qui font l'orgueil d'une femme de chambre frisonne. Ni sa mère, ni Marianne, ni Pétrus, sur lesquels il porta rapidement les yeux, ne témoignèrent aucune émotion : ce ne pouvait être aucun d'eux.

En sortant de table, il s'approcha de Marianne sans affectation et lui demanda si elle connaissait le père Jérôme? Elle lui répondit négativement avec tant de naïveté, que le doute s'effaça de la pensée de Daniel. Quand il quitta sa cousine, il se trouva face-à-face de Pétrus.

— Veux-tu venir faire une promenade avec moi, dans le jardin? demanda-t-il à son frère.

Pétrus le regarda d'un air sombre.

— Non, dit-il, non ! ma mère et Marianne s'y promènent.

— C'est un motif de plus pour nous y rendre, ce me semble! répliqua Daniel, sans remarquer le mécontentement qu'exprimait la physionomie de son frère.

Pétrus tourna le dos à Daniel et s'éloigna.

Nous avons déjà dit tout-à-l'heure quel mé-

lange de recherche et de mauvais goût caractérise un jardin hollandais. Marianne avait
adopté, au milieu de ce parterre immense,
près d'un petit cabinet tout couvert de feuil-
lage par la végétation luxuriante de diverses
plantes grimpeuses, une plate-bande où elle
cultivait les fleurs qu'elle affectionnait.

Tandis que, secondée par madame Van-
Gastel, elle se livrait à ses goûts d'horticul-
ture avec l'ardeur naturelle à son âge, Daniel
s'approcha de la jeune fille, et lui parla en
botaniste instruit des merveilles de ce coin
parfumé.

Marianne prit un vif intérêt à la conversation de Daniel qui la sortait de la monotonie
de sa vie ordinaire et qui s'adressait avec
charme à son imagination. Le jeune homme,
d'ailleurs, mettait à s'exprimer la grâce mé-

lancolique qui caractérise les cœurs tendres et les esprits religieux; enfin, le timbre grave et doux de sa voix rappelait un peu, à Marianne, la voix chérie d'Anselme. Elle sentait, durant cet entretien, devenir plus puissant et plus fraternel, dans son cœur, l'intérêt que lui avait d'abord inspiré son cousin; il avait été déjà éprouvé par tant de souffrances ! Et puis, ne partageait-il pas ses croyances religieuses! Au milieu de ceux qui professent la même foi que la nôtre, nous passons indifférents; mais que le sort nous présente, sur une terre étrangère, un inconnu de notre religion; le moins fervent d'entre nous lui tendra la main, comme à un frère. Ce n'était point encore la seule sympathie qu'éveillât Daniel dans l'ame de sa cousine. Son esprit élevé, la poésie fervente de son imagination et ses manières ennemies de la puritaine monotonie qui pesai de toutes parts sur elle, lui permettaient de

penser avec lui sans contrainte. Il lui semblait, en ce moment, qu'elle respirait plus à
l'aise. Pour la première fois, depuis la mort
de son père, depuis cette nuit fatale qui lui
avait montré sa mère pour l'en séparer à jamais, un sourire entr'ouvrit ses lèvres, et son
teint mat s'anima d'une légère teinte rose.

Tandis qu'elle oubliait, dans cette cause-
rie, les douleurs du passé et la tristesse du
présent, Pétrus vint tout-à-coup les interrompre.

— Vous oubliez, frère, que mon père vous
attend dans ses bureaux, dit-il : hâtez-vous
de me suivre.

— Ah! mon cousin, vous venez d'abattre
le plus beau lys de mon jardin, s'écria Ma-

rianne en voyant le fils cadet du bourgmestre
frapper, des basques de son habit, et renver-
ser, en se retournant avec maladresse, une
tige de ces fleurs majestueuses.

Pétrus se pencha sur la fleur brisée, la regarda quelques instans d'un air confus et
porta les yeux sur son frère et sur Marianne.

— Mon père nous attend, reprit-il d'une
voix brusque.

Daniel soupira, salua sa cousine et avança
le bras pour s'appuyer sur Pétrus. Pétrus se
recula par un mouvement involontaire, hâta
sa marche saccadée et se hâta de devancer
son frère.

Les travaux que lui imposait son père

étaient pénibles pour Daniel. Il ne pouvait, sans de laborieux et incessants efforts, astreindre son imagination, naturellement vagabonde, à l'impitoyable ponctualité des écritures de commerce; il attendait avec impatience l'instant qui mettait un terme à une besogne si fatigante et qui le rendait à la liberté de ses rêveries. Au lieu de se renfermer dans les salles enfumées d'un club, comme tout Hollandais en a l'habitude, dès que les affaires lui permettaient de se délivrer de leur joug, il allait se promener sur le bord des canaux qui environnent Lewardeen et se livrait, sans contrainte, à ses extases catholiques. Ses idées religieuses s'étaient empreintes en Allemagne, des parfums mystiques que Swanderborg, le premier, a fait exhaler des livres saints. Il appartenait à cette école fervente, à la tête de laquelle se trouvait alors le célèbre élève de Ratisbonne, Michel Sailer et le comte de Stolberg, protestant converti. Ce dernier était, avec le doyen Bernard Overberg, le plus passionné prosélyte de la fameuse Anne-Catherine Emmerich.

Anne-Catherine Emmerich était une religieuse augustine du couvent d'Agnetenberg, à Dulmen, en Vestphalie. Morte vers la fin de 1821, elle portait, dit-on, sur le front, sur les mains et sur les pieds, de miraculeux stygmates. Le comte de Stolberg avait rencontré, par hasard, Catherine et s'était passionné pour les merveilles mystiques dont elle était l'héroïne. Il consacra trois années de sa vie à recueillir, près de celle qu'il regardait comme une inspirée, les visions extatiques qui la faisaient, selon elle, assister aux douleurs du Christ pendant la Passion. Le comte de Stolberg avait publié le récit de ces visions dans un livre empreint d'un caractère étrange, et sans doute il prêtait aux rêveries de Catherine l'élévation et la puissance de son imagination de poète (1).

Daniel avait vu souvent le comte de Stolberg ; il s'était laissé séduire par la profonde croyance de cet homme et par l'enthousiasme de ses paroles entraînantes. Aussi ne mettait-il en doute ni la réalité des révélations de la sœur Anne-Catherine Emmerich, ni la possibilité et la fréquence des miracles dans les temps modernes.

Avec une telle disposition d'esprit, l'incident de la veille, cet avertissement tracé sur

____

(1) Cet ouvrage a été traduit et publié en France, vers 1856, sous le titre de : *La douloureuse Passion de notre Seigneur Jésus-Christ, d'après les méditations d'Anne-Catherine Emmerich, religieuse augustine du couvent d'Agnetenberg, à Dulmen, morte en 1821.*

le sable de sa porte, devait parler vivement à son imagination et s'y colorer des teintes les plus chatoyantes du merveilleux. Aucun de ceux qui l'entouraient n'avait pu écrire la phrase qui l'avait délivré d'une douloureuse anxiété et du péril d'une nouvelle lutte avec son père. Quel était cet ami inconnu qui avait le pouvoir de s'introduire jusqu'au seuil de sa chambre sans que personne pût le voir? Quelle était cette intelligence qui lisait dans sa pensée les secrets qui s'y trouvaient cachés avec le plus de soin? Était-ce un de ces anges blancs qui, selon Swenderborg, veille sans cesse à notre droite, et sur l'essence desquels les théologiens allemands discutent depuis tant d'années?... Il résolut de soumettre ces doutes au père Jérôme, et il fit une longue promenade, afin de méditer en liberté sur son dessein.

Il rentra fort tard et s'enferma dans sa chambre pour écrire au directeur de sa conscience.

Tandis qu'il se livrait à ce travail, seul, au milieu d'un silence absolu et sans autre clarté que celle d'une petite lampe de cuivre, dont la forme sévère rappelait l'origine romaine, minuit vint à sonner à l'horloge de la ville et à la petite pendule qui se dressait sur la cheminée. Comme si elles n'eussent attendu que ce signal, les cloches publiques se mirent à le répéter et jetèrent dans les airs leurs vibrations plaintives. Un silence profond et lugubre succéda. Daniel n'entendit plus alors que le mouvement du balancier qui allait et venait avec monotonie... Tout-à-coup, un léger grincement se fit entendre sur le rebord extérieur de la fenêtre. On aurait dit un oiseau qui se posait sur la plaque de plomb dont elle était recouverte, suivant l'usage du pays. Ce frôlement se fit entendre une seconde fois, puis le silence recommença. Daniel étonné souleva le rideau qui voilait la vitre et entrevit une forme vague et blanchâtre. Il ouvrit la fenêtre; un bouquet de lys se trouvait déposé sur la tablette de métal. Il regarda avec un empressement qu'on s'explique sans peine, dans le jardin, sur le toit, partout autour de lui. Rien! Personne! La lune, qui jetait sa lueur sur tous les objets, éclairait complètement le jardin dans son étendue!

Une imagination moins vive que celle de Daniel se fût émue des deux incidents inexplicables qui se présentaient à elle dans la même journée. Il prit les fleurs qui se trouvaient encore empreintes de rosée et qui semblaient cueillies depuis quelques instants à peine; il les plaça dans un de ces vases du

Japon dont abondent toutes les maisons hollandaises. Après avoir longtemps respiré leurs énivrants parfums, il s'agenouilla humblement devant une image du Christ et sollicita sa bonté divine pour l'être inexplicable qui veillait sur lui avec une tendresse fraternelle.

Un jeune homme de ving-cinq ans ne dort point, quand des prestiges fantastiques multiplient autour de lui leurs délicieuses merveilles. Aussi, lorsque son père, suivant l'habitude de chaque matin, vint appeler Daniel pour se rendre au travail, Daniel se trouvait déjà prêt à descendre; cette exactitude lui valut presque une marque d'approbation de la part du bourgmestre. Elle se manifesta toutefois avec le caractère bourru qui se révélait dans toutes les allures du despotique père de famille.

— Voici la première fois que vous ne vous

faites point attendre, dit-il. Tâchez de montrer désormais le même empressement à vous acquitter de votre besogne dans mes bureaux.

Quant à cette dernière injonction, il faut avouer que Daniel s'y conforma peu. Les souvenirs de la nuit préoccupaient son imagination et causèrent plus d'une erreur dans les chiffres que traçait le jeune homme. A diverses reprises le regard inquisiteur de Pétrus trouva son frère, la main immobile, l'œil fixe, dans cette attitude de repos absolu qu'une méditation profonde donne au corps, comme si l'ame se dégageait des liens terrestres, afin d'agir dans toute sa puissance... Daniel semblait écouter encore le bruit léger du choc invisible sous lequel avait doucement gémi le plomb de sa fenêtre. Il revoyait, sur la tablette extérieure, les lys cueillis par une fée invisible, et l'imagination lui en apportait encore les ineffables parfums.

Tandis qu'il se laissait aller de la sorte aux idées qui passaient devant son souvenir, il tressaillit. Tout-à-coup une main venait de se placer durement sur son épaule, et une voix sévère résonnait à ses oreilles.

— A peine de retour, vous voici déjà fatigué et dégoûté des travaux de ma maison? disait le bourgmestre. Depuis une heure, votre plume n'a point tracé un seul chiffre. Je savais bien que cette belle ardeur ne serait point de longue durée! Prenez-y garde, ajouta-t-il, en lançant à son fils un regard plein d'une colère concentrée : je suis peu partisan des conversions menteuses; j'ai pardonné une fois, mais je me montrerais désormais inexorable si les leçons du passé restaient inutiles.

Daniel reprit la plume en silence et chercha, non sans peine, à maîtriser ce qu'il éprouvait de trouble... Quand il releva la tête, une
glace lui montra Pétrus, dont la physionomie
exprimait une joie cruelle.

Le déjeûner qui suivit de peu d'instants
les remontrances du bourgmestre à son fils,
se passa plus tristement encore que d'habitude. Madame Van-Gastel avait lu du mécon-
tement sur le visage austère de son mari:
elle craignait, à chaque instant, voir son
explosion frapper un de ses enfants. La mélancolie de Daniel et le silence sombre de
Pétrus ajoutaient à son inquiétnde; elle ne
disait qu'avec anxiété les paroles les plus in-
signifiantes : elle craignait qu'elles ne heur-
tassent involontairement la pensée qui préoccupait son mari, et que, du choc de cette

parole et de cette pensée ne jaillit l'étincelle qui devait faire éclater la discorde.

Marianne subissait l'influence générale de tristesse qui pesait sur tous les convives.

Menheyr Van-Gastel critiqua deux ou trois fois, avec une injustice évidente, les mets du déjeûner; il adressa, en outre, des mots indirectement agressifs à sa femme et à Marianne; enfin, il se plaignit, en termes vagues, mais amers, de l'ingratitude qui payait toujours le dévouement d'un chef de famille.

Au sortir de table, Marianne qui avait compris les angoisses de sa mère adoptive, vint l'embrasser affectueusement. Cette preuve de tendresse et de sympathie irrita le bourgmestre.

— Il faut laisser aux Parisiennes toutes ces

petites manières hypocrites, dit-il. Maintenant que vous habitez la Hollande, étudiez-vous, mademoiselle, à devenir une jeune personne sincère, sans grimaces et sans afféterie. Peut-être trouverez-vous, dans ma maison, des cerveaux assez éventés et des caractères assez faibles pour tolérer et même pour encourager de semblables façons d'agir.... moi, je n'en veux pas! entendez-vous bien! Essuyez vos yeux et tachez de vous souvenir de ma leçon.

— Mon père! mon pauvre père! pensa l'orpheline, tandis qu'un silence de crainte et de soumission répondait seul aux dures réprimandes du négociant hollandais.

Quand le bourgmestre se fut éloigné, Marianne se jeta dans les bras de madame Van-Gastel et y pleura longtemps avec amertume, sur son sein.

— Mon enfant, lui répondit avec bonté la femme du bourgmestre : mon enfant, voici trente années que je subis la vie résignée à laquelle il faut que vous vous résigniez vous-même; mes habitudes de soumission doivent désormais devenir les vôtres, l'obéissance et l'abnégation personnelle sont les premières et pour ainsi dire les seules vertus qu'on exige d'une Hollandaise. Elle doit cacher, comme un défaut, sa sensibilité et son besoin de tendresse! Qu'importe à un maître qu'il soit aimé par son humble servante! Le temps vous formera, ma fille, à ce genre d'existence qui finit par dompter le cœur et par briser l'é-nergie. Allons, venez avec moi dans le jardin, essuyez vos yeux et tâchez de faire disparaître les traces de vos larmes; elles sont une pro-testation contre celui qui les a fait cou-ler; ici, les protestations muettes ne sont pas plus permises que les autres.

Marianne s'appuya sur le bras de son amie; toutes les deux se dirigèrent vers la partie réservée du jardin où se trouvait la plate-bande cultivée par la jeune fille. On avait, sans pitié, dépouillé de leurs fleurs les plus belles tiges de lys.

— Oh! mon Dieu, mon Dieu, s'écria-t-elle, qui donc s'est fait un plaisir cruel d'arracher ainsi mes pauvres fleurs ?

— Demandez à Daniel, répondit Pétrus avec un sourire de triomphe et de haine : les vases de sa chambre sont pleins de lys.

— Mon cousin ! dit-elle en se tournant vers Daniel qui accompagnait son frère, mon cousin ! avez-vous pu me causer une pareille peine ?

— Je vous jure que je n'ai point cueilli ces fleurs.

— Non, mais il les a fait cueillir ! Le rusé se souvient de son éducation jésuitique, interrompit Pétrus.

—Mon frère, pouvez-vous m'accuser ainsi de mensonge ! Moi?

—Alors, expliquez-nous comment les lys de ma cousine Marianne se trouvent dans votre chambre.

—Je l'ignore, je vous le jure.

— C'est sans doute ma cousine qui a dévasté son jardin pour orner votre chambre? ricana Pétrus. Je ne sais si mon père aime les énigmes; dans tous les cas, en voici une sur laquelle je serai bien aise de connaître son sentiment... Il vient à propos dé notre côté.

III.

UNE NUIT DE FAMIILLE.

Plusieurs mois s'écoulèrent sans qu'aucun évènement de quelque gravité advînt dans la maison de menheyr Van-Gastel. Cependant le nuage de tristesse qui pesait sur cette famille devenait, sans cesse et insensiblement, plus lourd et plus sombre. Un sentiment de contrainte s'était glissé, à leur insu, parmi ces cinq personnes; de jour en jour il prenait un caractère plus alarmant. L'accent impératif de la voix du bourgmestre, quand elle s'adressait à Marianne et à Daniel, devenait pleine d'amertume et d'hostilité. Par le seul mouvement de ses lèvres, il faisait tressaillir madame Van-Gastel et répandait sur le visage de cette mère la pâleur et l'anxiété. On aurait toujours dit qu'il allait la frapper d'un coup terrible. Le remords lui-même n'inspire point des angoisses égales aux inquiétudes dans lesquelles se débattait la pauvre femme. Cette dureté du négociant hollandais semblait parfois se désarmer en faveur de Pétrus. Il se montrait, pour lui, presque toujours bienveillant. Il l'initiait davantage, chaque jour, à ses travaux commerciaux, et lui montrait une confiance à laquelle il tenait Daniel inflexiblement étranger. Les deux frères, sans motif apparent et avoué, devenus l'un pour l'autre d'une froideur extrême, n'échangeaient jamais entre eux d'autres paroles, que les rares communications exigées par leurs travaux communs. Marianne ne rencontrait ses cousins qu'aux heures du déjeûner et du dîner qui se passaient presque toujours silencieusement. L'hiver et sa rigueur étaient venus lui interdire la seule distraction qui, naguère, adoucissait la vie claustrale et l'assujétissement des habitudes frisonnes : ses promenades au jardin et la culture de sa plate-bande favorite. Ses journées se passaient dans le vaste parloir, près de la haute cheminée où brûlaient, en murmurant, d'énormes morceaux de houille. Madame Van-Gastel partageait cette solitude et ces travaux sédentaires, interrompus par les soins domestiques auxquels elle initiait la jeune Française. Les mains de Marianne, naguère si délicates et si mignonnes, attestaient, par leur rougeur et leur fatigue, de l'empressement avec lequel celle-ci suivait les exemples et les conseils de la matrone hollandaise. Des changements non moins notables s'étaient opérés dans toute sa personne : une pâleur, telle qu'on en remarque dans les fleurs étiolées, avait effacé, par sa blancheur mate, la brillante animation d'un teint naguère remarquable par la délicatesse de son incarnat. On ne voyait plus en elle cette sérénité de mouvements, indice de confiance et de gaieté : une songeuse nonchalance se révélait dans son attitude et jusque dans sa voix. Peu à peu, son goût passionné pour la musique s'était ralenti ; des semaines entières s'écoulaient sans qu'elle posât ses doigts sur les touches du piano, et qu'elle éveillât les échos silencieux du salon. Les

œuvres magistrales de la galerie de tableaux
la trouvaient également oublieuse de leurs
merveilles artistiques. Souvent, tandis qu'elle
cousait, l'aiguille tombait de ses mains ;
quand madame Van-Gastel levait les yeux sur
sa compagne, elle la voyait ensevelie dans ses
pensées et l'ame emportée au loin par la
rêverie.

Daniel se livrait avidement à des promenades solitaires, soit que le brouillard éten-
dît sur Lewardeen son linceul jaunâtre, soit
que la gelée durcît la terre et couvrît, d'une
voûte solide, les canaux sans nombre qui sil-
lonnent de toutes parts la Frise et les envi-
rons de sa capitale. Dès qu'il avait rempli la
tâche que lui prescrivait son père, il armait
ses pieds de patins et entreprenait, sur la
glace, des excursions qui souvent l'emme-
naient à de grandes distances de la ville. Il

trouvait une sorte de bonheur à se laisser ainsi emporter au loin par un mouvement presque insensible, et plus favorable à la méditation, que ne le supposerait une personne étrangère à cet exercice. Pour un habile patineur, glisser sur la glace avec la promptitude de la pensée, se sentir emporter par une vitesse dont la rapidité des chemins de fer ne saurait donner qu'une idée incomplète, voler dans l'espace, au milieu de périls que le corps évite par des mouvements instinctifs, et pour ainsi dire sans que la volonté et l'attention y prennent part, ce sont là des sensations indicibles et d'une enivrante poésie. La poitrine respire avec abondance; le cœur bat généreusement; une noble chaleur anime le cerveau et s'accroît par la vivacité de l'air qui caresse le visage. On n'appartient plus à la terre : on dirait qu'on se dégage des liens matériels, et qu'on se rapproche de Dieu.

Dans ces excursions, Daniel, la bouche enveloppée d'une écharpe, la tête abritée sous une toque de fourrure les membres couverts d'habits qui, tout en le préservant du froid, lui laissaient une entière liberté de mouvements, parcourait quelquefois quinze ou vingt kilomètres, les bras croisés sur la poitrine et sans autre moyen de conjurer les périls, qu'un bâton ferré placé sous son bras. Ce bâton lui servait à éviter les blocs de glace qui pouvaient se trouver à la surface et à franchir les abîmes qu'un accident ouvrait sous ses pas. Aucun autre bruit que le sifflement de ses patins, sur la glace, n'occupait son oreille; le froid rendait muet les oiseaux réfugiés au fond de leur nid, et les pâturages, recouverts par les inondations, ne formaient plus, avec les canaux, qu'une plaine à perte de vue, immense et solitaire comme l'Océan.

A de rares intervalles cependant, une fermière frisonne, le front ceint de la coiffure nationale, les mains appuyées sur sa ceinture, les pieds armés de patins, passait avec rapidité, portant sur sa tête un vase de cuivre d'une forme élégante et brillant comme de l'or. C'était une apparition à peine saisissable. Le frissonnement des patins, un mot de salut jeté en passant, les plis rouges d'une jupe flottante, et tout s'était évanoui! Tout retombait dans une de ces solitudes dont on ne peut concevoir aucune idée au milieu de nos campagnes françaises! Souvent encore, la neige venait ajouter sa poésie aux promenades déjà si poétiques de Daniel. Alors, des flocons larges et innombrables tombaient du ciel, fermaient l'horizon, l'abaissaient, et tournoyaient lentement autour du voyageur. C'était à travers un nuage qu'il volait; ses yeux ne voyaient plus rien, ni du ciel, ni de la terre; les patins eux-mêmes, étouffés par la neige, se taisaient : les anges doivent rencontrer un pareil silence quand ils volent à travers les immensités.

Cependant, au milieu de ce calme absolu, l'ame ne reste pas froide et indifférente; l'enthousiasme l'excite et l'anime, tandis que le cœur s'élève. Daniel, dans ces moments d'exaltation, oubliait la vie monotone et sans avenir que lui imposait le despotisme de son père. Mille projets nobles et utiles germaient dans sa pensée, et s'y développaient avec grandeur. Il voyait, au loin, la gloire lui tendre la main; il rêvait le bonheur sous les traits de cette jeune fille innocente et pieuse qui partageait seule, dans la maison paternelle, la divine croyance aux ordres de laquelle il avait humblement tout sacrifié. Ce qu'il éprouvait pour Marianne ne lui semblait, en rien, de l'amour; c'était un sentiment bien plus pur et bien plus saint; c'était une tendresse paternelle, une extase comme en éprouvent les mères au premier sourire de leur enfant. Quoique tout démentît irrécusablement cette supposition, il cherchait à rattacher à elle les deux mystérieux événements qui étaient venus jeter leurs inexplicables merveilles dans sa vie désolée.

Les premiers jours de son retour à Lewardeen, il attendait avec impatience une lettre du père Jérôme. La feinte à laquelle il se soumettait lui pesait odieusement; il rougissait de cacher, comme une faute, sa foi de chrétien; il s'indignait de ne pas subir le martyre. Maintenant il redoutait, sans se l'avouer, l'arrivée de cette lettre; car il pressentait que le père Jérôme n'admettrait aucune transaction. Si telle eût été sa pensée, son expérience et sa sagesse eussent prévu, avant le départ de Daniel, l'objection que lui soumettait maintenant ce dernier !... Son père, quand il connaîtra la vérité, le chassera... Quitter la maison paternelle, c'est quitter sa mère, sa pauvre mère; c'est perdre à jamais Marianne; c'est la livrer à l'amour vulgaire de Pétrus, qui étouffera, sous sa tyrannie et sous sa passion grossière, cette ame délicate, cette nature d'élite !... Pourquoi le père Jérôme garde-t-il donc le silence? Pourquoi laisse-t-il, sans réponse, les trois lettres que Daniel lui a écrites tour-à-tour ? N'ose-t-il pas prendre une décision dans des circonstances aussi graves? Recule-t-il devant l'idée d'exposer à la vengence d'un père le fils qu'il a renvoyé soumis et humble près de lui? Maintenant, rien ne s'oppose à ce que Daniel remplisse ses devoirs de chrétien, sans éveiller les soupçons du bourgmestre. Il peut franchir , en une heure , la distance qui sépare Lewardeen de Sneeck, et Sneeck possède une chapelle et un desservant catholiques. Arrive le dégel et ce voyage deviendra impossible , car Daniel ne pourra l'exécuter , ni comme l'été , sur une barque à voile, ni comme l'hiver, à l'aide de patins, sur la glace! Et puis que de ruses il a fallu mettre en œuvre pour ne pas acompagner, chaque dimanche au consistoire protestant, son père et le reste de sa famille! Ce n'a point été sans éveiller les soupçons et sans exciter la colère... Quitter de nouveau sa famille! Cette fois le bourgmestre serait à jamais inexorable. Oui , un nouveau départ est le parti le plus sage!... Sa mère! Marianne! les laisser sans consolation et sans appui! Poursuivre une vie désormais sans but, puisque ces deux femmes aimées lui deviendraient étrangères? Oh! ses forces ne sauraient suffire à un pareil sacrifice!

Un soir, ces pensées l'avaient préocupé plus vivement encore que de coutume : il était près de minuit quand il rentra chez son père. Un lugubre silence régnait dans les sombres corridors de la vaste maison. Quand il passa néanmoins, devant la porte de son père, il y remarqua de la lumière, et il entendit le grincement d'une plume qui courait sur le papier. Il se glissa le plus légèrement qu'il put devant cette porte, car le bourgmestre s'était souvent élevé avec mécontentement contre les promenades lointaines de son fils.

Daniel parvint heureusement à ne point éveiller l'attention du sévère chef de famille, et il arriva, sans encombre, jusqu'à sa petite chambre. Un froid vif donnait aux étoiles et à la lune une puissance extrême de lumière : une clarté, voisine du jour, tombait sur les vitres sans rideaux de la fenêtre, qui, brodées par les fleurs de la gelée, prenaient les tons mates d'un verre dépoli. Au milieu d'une de ses vitres, se trouvait gravée, dans la légère couche produite par le froid, une croix qui surmontait les mots suivants :

Priez Dieu pour l'ame du père Jérôme, décédé à Vienne cinq jours après votre départ.

Cette nouvelle, annoncée d'une façon si peu prévue et qui renouvelait les deux prodiges des premiers temps de son arrivée à Lewardeen, jeta Daniel dans un trouble extrême. Il alluma une bougie et regarda la légende merveilleuse. Elle semblait écrite depuis une heure environ ; déjà la gelée commençait à effacer quelques-unes des lettres tracées en creux.

Tandis qu'il méditait sur ce problème, et

qu'il se demandait, avec angoisse, s'il fallait accepter, comme une vérité, ce bizarre avertissement, il entendit un léger bruit de pas dans le corridor. Une lumière à la main, il s'élança vers le côté d'où venait le bruit..... Pétrus semblait se diriger vers la chambre de Marianne.

— Que faites-vous à pareille heure dans ce corridor? demanda-t-il d'une voix saccadée par la colère, tandis que son cœur battait avec violence et que le sang montait à flots impétueux dans son cerveau : Parlez, Pétrus!

Pétrus croisa les bras et sourit dédaigneusement.

— Je pourrais vous adresser une question semblable, répondit-il.... Peut-être vaut-il mieux vous parler en frère et détruire vos illusions sur certaines espérances insensées. Marianne m'aime!

— Marianne! répéta Daniel anéanti : Marianne!... C'est une calomnie! c'est un mensonge! cela ne peut pas être!

— Soit! Vous en croirez ce que vous voudrez, continua Pétrus.

— Demain, j'interrogerai Marianne à ce sujet, et malheur à vous si vous m'avez trompé!

— Eh bien! je t'ai trompé, interrompit Pétrus, qui ne put contenir plus longtemps sa rage. Je t'ai trompé! A l'instant, il faut que tu quittes pour toujours cette maison, ou que l'un de nous deux meure. Tu aimes Marianne, et je l'aime aussi; c'est te dire que je te hais et que ta vue me fait horreur. Da-

niel, depuis ton arrivée ici, j'excite la colère
de mon père contre toi. Je t'ai fait suivre!
j'ai épié tes moindres démarches; je sais que
tu es catholique! Tu le vois bien! il est temps
pour toi de t'éloigner, car si tu restes, je te
ferai chasser par mon père. Livre-moi cette
jeune fille; une fois séparée de toi, elle finira
par se laisser aimer de Pétrus! Du moins elle
ne lèvera plus sur toi les regards qu'elle y
porte parfois à la dérobée, comme je le lui
ai vu faire encore ce matin. Pars donc! ou je
te perdrai... ou je te tuerai, Daniel.

— Béni soit Dieu qui m'annonce par ta
bouche que je suis aimé de Marianne! C'est
une consolation qu'il daigne m'accorder au
moment où il me frappe d'un coup terrible et
m'apprend que je n'ai plus de frère.

— Pas de paroles hypocrites, Daniel! Tu

me hais autant que je te hais ! Depuis longtemps j'ai lu dans ta pensée, comme depuis
longtemps tu as lu dans la mienne : finissons-
en. Pars-tu ? Restes-tu ?

— Je reste.

Pétrus s'élança sur son frère , un couteau
à la main ; une lutte s'engagea, et son issue
ne pouvait tarder à devenir sanglante, quand
apparut le bourgmestre. D'un signe il sépara
les combattants et leur ordonna de le suivre
dans sa chambre.

— Ainsi, dit-il, j'ai assez vécu pour voir
mes fils me déshonorer et chercher à s'assas-
siner sous mon toit, devant la porte d'une
femme, confiée à leur hospitalité? Honte et
malédiction sur vous ! Je vous chasse de ma
présence tous les deux, à l'instant : vous, ca-

tholique persévérant, vous qui, deux fois, n'avez point reculé devant la honte de l'apostasie, vous retournerez en Allemagne, ou dans tout autre lieu qu'il vous plaira. Vous devez être satisfait; vous avez assez déshonoré ma maison! Pétrus ira expier dans l'exil le malheur d'avoir un frère comme vous; un frère dont l'exemple l'entraîne au libertinage et au meurtre.

Daniel se tenait les yeux baissés sans répondre. Pétrus regarda résolument son père.

— Je ne partirai pas, dit-il; je ne veux pas la quitter. Au nom de l'obéissance que je vous ai toujours montrée, donnez-moi Marianne pour femme.

— Il résiste à mes volontés!

— Je ne livrerai pas cette jeune fille à Pétrus; à un homme indigne de son amour! Je resterai aussi.

—Ah! s'écria le bourgmestre en croisant ses bras sur sa poitrine : voilà la soumission que je trouve dans mes fils? Eh bien ! soit. Vous resterez. Je sais un moyen de mettre un terme à notre honte, je vais y recourir , vous m'y obligez.

Il se leva brusquement et tira le cordon d'une sonnette. Madame Van-Gastel ne tarda point à accourir; elle recula d'épouvante quand, éveillée tout-à-coup par son mari, elle se trouva, au milieu de la nuit, en présence de ses deux fils éperdus de rage.

— Madame, dit le bourgmestre, j'ai trouvé ces misérables qui se battaient le couteau à la main , devant la chambre de la jeune fille que ma pitié insensée a recueillie chez moi !

— Daniel ! vous, mon enfant, vous !

— Oui, Daniel, l'objet de votre prédilection, Daniel le catholique, Daniel qui a cru pouvoir me tromper avec votre aide !.... Me tromper moi !... Recueillez les fruits de votre désobéissance à mes ordres. Si je n'avais point consacré une partie de la nuit au travail, le sang d'un de vos fils était versé par son frère ! Restez près de ces insensés. S'ils tentent de sortir de cette chambre, obligez-les à commettre un dernier crime devant lequel ne reculeront sans doute point des fratricides : qu'ils frappent leur mère !

En achevant ces mots, le bourgmestre sortit de sa chambre et laissa la pauvre femme seule avec ses deux fils.

Elle porta tour-à-tour ses regards sur eux. Le désespoir de Daniel l'effraya, et la sombre résolution de Pétrus la glaça de terreur.

— Mes enfants, murmura-t-elle d'une voix mourante, mes enfants !

Ni l'un ni l'autre ne répondirent.

Dieu, dit-elle, est donc sans miséricorde pour moi, de ne point faire mourir une mère qui souffre ce que je souffre !

A cette plainte déchirante, Daniel tomba aux genoux de sa mère ; Pétrus prit la main de madame Van-Gastel pour la porter à ses lèvres.

— Mes enfants, mes enfants ! reprit-elle à travers ses sanglots, mes enfants, oubliez cette nuit terrible, oubliez le passé ! Rede-

venez des frères! Prenez pitié de votre mère!
Au nom de la longue vie de résignation et de
souffrances que j'ai subie pour vous! qu'un
pardon mutuel tombe de vos lèvres!

Ils ne l'écoutaient pas. L'oreille aux aguets,
palpitants d'attente, ils épiaient, avec terreur, le son d'une voix qui s'était fait entendre au loin. Les paroles de madame Van-
Gastel s'éteignirent elles-mêmes, étouffées
par les émotions de l'anxiété.

Un silence de quelques moments succéda
à ce léger bruit; un silence profond, terrible.
Tout-à-coup, on entendit le bourgmestre
proférer des menaces et prononcer le nom
de Marianne.

Pétrus s'élança vers la porte. Daniel se leva
précipitamment pour lui fermer la passage.

Madame Van-Gastel se jeta au-devant d'eux.

— Qu'allez-vous faire? demanda - t - elle. Voulez-vous, après avoir levé le couteau l'un sur l'autre, après avoir tenté le fratricide; porter, à présent, une main impie sur votre père? Daniel, Pétrus, au nom du ciel, ne franchissez pas le seuil de cette pièce! Je vous le demande à genoux! Je l'implore comme une grâce, par ma tendresse pour vous, par mon titre de mère!

Ils restèrent là, debout, les cheveux hérissés, le front ruisselant de sueur, pâles, les yeux égarés, et pouvant se soutenir à peine. Leur souffle sortait avec violence de leur poitrine haletante.

Un long silence se fit de nouveau.

De temps à autre, l'écho du vaste corridor

apportait quelques sons faibles et confus de la voix de Marianne. Tout-à-coup, le bourg-mestre éclata en menaces et en violences. Une sorte de lutte sembla même s'établir. On entendit grincer, sur le plancher, les pieds d'une personne qu'on entraînait. Pétrus saisit le bouton de la porte; son frère se jeta sur lui pour l'empêcher d'arriver le premier. En ce moment Marianne jeta un cri :

— Daniel! Daniel! à mon aide!

— C'est lui qu'elle appelle! lui! mugit Pétrus qui entoura son frère d'étreintes forcenées.

Une lutte commença sous les yeux de leur mère, une lutte terrible, impie qui jeta aux pieds de madame Van-Gastel ses deux fils sanglants. Elle appela au secours; elle tenta de séparer les insensés; ils continuèrent leur combat, cherchant à s'étouffer l'un l'autre et renversant avec fracas les meubles qui se brisaient sous eux.

Il y eut un moment où Daniel ne put réprimer un cri de douleur. Pétrus sentit tout-à coup les bras qui le serraient se détacher et se raidir, tandis qu'une pâleur mortelle se répandait sur le visage de son frère.

Pétrus s'arrêta; il se releva; il considéra, d'un œil éperdu, le corps immobile qui gisait à ses pieds.

— Ma mère! ma mère! J'ai tué mon frère! bégaya-t-il en tombant à genoux.

Madame Van Gastel se pencha sur Daniel, chercha à le ranimer le couvrit de baisers

et de larmes, sans qu'aucun mouvement in
diquât que son fils vivait encore.

Pétrus, anéanti, regardait en silence cette
pauvre mère, qui laissa retomber la tête de
Daniel pour élever sur Pétrus des yeux égarés.

— Il ne me reste que Caïn! dit-elle.

Et elle s'évanouit près du corps inanimé de
son autre fils.

Tandis que cette déplorable scène se passait entre la mère et ses deux fils, le bourgmestre était sorti, on le sait, pour se rendre
près de Marianne. Au moment où il arriva
devant la porte de Daniel qui se trouvait en-
trebaillée, il entendit un léger bruit qui attira son attention. Il ouvrit tout-à-fait la porte
et vit, à l'aide de la lumière qu'il tenait à la
main, Marianne agenouillée devant un crucifix.

— Cessez de souiller ma maison par des prières impies, malheureuse! s'écria menheyr Van-Gastel. Vous priez en vain; votre Dieu ne peut rien pour vous.

Marianne ne tressaillit pas et ne tourna même point la tête. La prière qu'elle disait d'une voix douce ne subit pas la moindre altération.

— Suivez-moi! Que je vous chasse, du moins sans éclat, de la maison que vous avez déshonorée! Suivez-moi, mademoiselle, reprit le bourgmestre.

— Daniel, mon frère en Jésus-Chrit..... Daniel, je vous aime. J'ai lu dans votre cœur, j'y ai vu votre tendresse sainte et fraternelle; nous serons un jour l'un à l'autre; les anges me l'ont révélé.

— Assez de cette comédie! Suivez-moi, je vous en donne l'ordre, de nouveau.

A ces paroles menaçantes elle ne tourna même point la tête.

— Le père Jérôme bénit et approuve, dans le ciel, notre union.

— Ah! vous me bravez! misérable créature sans pudeur, interrompit le bourgmestre avec rage; malheur à vous!

— Il saisit Marianne par le bras.

A peine l'eut-il touchée, qu'un tremblement convulsif s'empara de la jeune fille; elle s'affaissa sur elle-même et joignit les mains :

— Vous voulez me chasser du seul asile

que j'aie au monde, murmura-t-elle; m'envoyer à Paris sans ressource?... Mais la faim
et la misère m'y attendent !

— Puisque vous lisez si bien dans ma pensée, je n'aurai pas la peine de vous intimer
mes ordres. Venez.

Les yeux fixes, elle étendit la main vers le
cabinet du bourgmestre.

— Mon Dieu, dit-elle, mon Dieu! Ils
luttent l'un contre l'autre! Daniel! Daniel!
mon Daniel!... Arrêtez donc ce misérable
Pétrus!.... Il l'étreint à la gorge!.... Il l'é-
touffe!... Il le tue!

— Ne craignez rien, ou plutôt ne vous ap-
plaudissez pas si vite, interrompit le bourgmestre qui voyait, dans ces paroles de Ma-

rianne une allusion à la première lutte des
deux frères; personne n'est mort; personne
n'est même blessé. Cela est malencontreux,
n'est-ce pas, pour une héroïne de roman?
pour une Française?

— Je vous dis que Daniel se meurt!.....
J'entends le désespoir de sa mère! Faites de
moi ce que vous voudrez; perdez-moi, chas-
moi, mais prenez pitié de votre fils! prenez-
en pitié!

Madame Van-Gastel jeta, en ce moment, un
cri tellement douloureux qu'il arriva jusqu'à
son mari.

Le bourgmestre repoussa Marianne dans la
chambre de Daniel, en ferma la porte au verrou, et courut dans son cabinet. Daniel commençait à reprendre connaissance.

— Rendez-vous dans le salon, et attendez-y mes ordres, dit-il à Pétrus. La moindre hésitation, la plus légère désobéissance vous perdrait à jamais. Allez ! Vous y remercierez Dieu de vous avoir épargné un crime.

Pétrus obéit silencieusement ; le désespoir qu'il avait éprouvé à la vue de son frère inanimé, avait brisé en lui toute énergie.

— Quant à vous, qui savez vous évanouir d'une façon si opportune, menheyr Daniel, je pense que maintenant les secours de votre mère ne vous sont point nécessaires. J'ai le droit de refuser toute confiance au renégat et au fils désobéissant qui a déjà fui la maison paternelle ; je vais donc vous enfermer ici. Rassurez-vous : votre captivité ne sera point longue... Et vous, séchez vos larmes, maintenant qu'elles sont inutiles, madame! Tâchez de m'aider à sauver, du moins, ce qui n'a point encore été souillé de l'honneur de notre maison. Les malheurs qui pèsent en ce moment sur nous sont votre ouvrage. Il ne faut en accuser que vous. Sans votre coupable préférence pour Daniel, sans votre faiblesse sentimentale pour cette petite intrigante, vous n'auriez point vu vos deux fils lever la main l'un sur l'autre. Un scandale qui, s'il était connu, nous couvrirait de honte, ne serait point prêt à se répandre dans toute la ville. Les domestiques et les commis qui habitent une autre aile de bâtiment n'ont pu rien entendre; il faut agir avant qu'ils ne s'éveillent.

Madame Van-Gastel suivit en silence son mari. Il la mena dans la chambre de Daniel dont il ouvrit la porte.

Marianne dormait, paisiblement étendue sur le lit du jeune homme. La tête soutenue sur une de ses mains, elle pressait contre sa poitrine le crucifix qu'elle avait détaché de la place où Daniel le fixait chaque soir.

—Elle dort! s'écria-t-il: elle dort!... Feint ou réel, ce sommeil, dans un semblable moment, atteste une impudence sans bornes. Faites habiller cette effrontée; elle repartira pour la France aujourd'hui, à l'instant même. Je vais tout ordonner pour ce départ.

Madame Van-Gastel resta seule avec Marianne. Quelque confiance qu'elle eût mise dans la naïveté et dans la candeur de la jeune fille, elle ne put s'empêcher d'éprouver une complète désillusion en voyant Marianne couchée et dormant sur le lit de Daniel. Si des doutes favorables lui fussent restés, elle les

eût perdus en entendant l'orpheline murmu-
rer dans son sommeil le nom de Daniel ! —
Daniel !

— Il faut vous lever à l'instant, mademoiselle,
dit la matrone hollandaise, affligée et froissée
d'avoir été dupe de la rouerie d'une enfant.

Marianne ne répondit point : ce ne fut
qu'à la cinquième ou sixième interpellation
qu'elle ouvrit les yeux : elle regarda autour
d'elle avec surprise.

— Vous, de si bonne heure chez moi, ma
petite mère ! dit-elle en tendant les bras à
madame Van-Gastel, qui se recula pour éviter ses caresses. Pourquoi cette froideur ? qui
peut me la mériter ? D'où vient ce crucifix
placé sur mon sein ? dites - le moi, madame !

— Ne prenez point la peine de chercher à me tromper plus longtemps, mademoiselle; ce rôle messied à une jeune fille surprise dans la chambre de mon fils... J'en rougis de honte, et j'en pleure de chagrin.

Marianne se leva brusquement.

La chambre de votre fils?... En effet, cette chambre n'est pas la mienne. Oh! ne vous faites pas un jeu cruel de mon épouvante...

— Trève à ces menteuses terreurs... Je connais maintenant la monstrueuse hypocrisie dont vous donniez déjà des preuves inexplicables avant votre départ de Paris. Madame Peyraicave ne pouvait comprendre, elle me l'a dit, la sérénité que vous montriez près de moi, tandis que la nuit, la pensée de votre départ vous arrachait des larmes de désespoir.

Vous faites encore, en ce moment, preuve de la même duplicité... Chez une jeune fille, tant de dissimulation !

— Ma mère ! ma bonne mère !

— Vous êtes maintenant une étrangère pour moi, comme j'en ai toujours été une pour vous.

— Prenez pitié de moi ! je suis innocente ! Dieu m'en est témoin !

— Si vous voulez que je vous croie, expliquez-moi comment, tout-à-l'heure, vous vous trouviez endormie paisiblement dans cette chambre, tandis que mes fils s'égorgeaient pour vous.

— Vos fils, madame ! vos fils !

— Ne feignez pas d'ignorer que Pétrus vous aimait et qu'il a découvert vos intrigues avec Daniel; le mensonge vous est désormais inutile.

Marianne leva les yeux au ciel et joignit les mains, par un mouvement de désespoir.

— Mon Dieu! dit-elle, mon Dieu! vous qui lisez dans mon cœur, donnez-moi les moyens de me justifier!... Mais non! rien de tout cela n'est réel! Je me débats dans les visions douloureuses d'un rêve malfaisant! Mon père! mon père! Demandez à Dieu de ne point abandonner ainsi votre fille.

Il y avait une si grande vérité dans l'expression de ces paroles, que madame Van-Gastel, malgré tant de preuves accablantes, accumulées contre Marianne, sentit sa conviction s'ébranler.

— Mon ami, dit-elle au bourgmestre qui survint, quelque chose de surnaturel se passe dans tout ceci.

— Il n'y a de surnaturel que la précoce perversité de mademoiselle. Est-elle prête à partir ?

Marianne, qui pleurait amèrement, releva la tête, avec la fierté de l'innocence outragée.

— Dans quelques instants, dit-elle, je serai prête à quitter cette maison, dont on me chasse sans pitié : je ne voudrais pas y demeurer plus longtemps, puisque celle que j'aimais comme une mère, puisque celle qui lisait dans mon ame ainsi que dans la sienne, partage votre odieuse conviction ! Veuillez me faire donner les vêtements nécessaires pour

partir; je ne me ferai point attendre longtemps.

Madame Van-Gastel enveloppa Marianne
dans les plis d'un châle, et la conduisit jusqu'à
sa chambre. En quelques instants, la jeune
fille fut prête, et vint rejoindre, dans le parloir, le bourgmestre qui l'y attendait.

—Une personne dont je suis sûre, dit
menheyr Van - Gastel, mon fidèle commis
Blum, va vous conduire en France; il vous
remettra entre les mains du peintre Peyraicave : j'écris seulement à cet artiste que le
séjour de la Frise ne saurait vous convenir
plus longtemps. Je n'ai point voulu vous fermer tout moyen de rentrer dans une vie honorable, et révéler votre honteuse conduite
au seul protecteur qu'il vous reste... Tâchez

de vous montrer digne d'une marque d'indulgence que vous ne méritez point.

— Menheyr, dit-elle, M. Peyraicave connaîtra le vérité tout entière ; je lui dirai moi-
même les événements inexplicables dont je me
trouve ici la victime. Un jour, Dieu m'en
donne la conviction, tout s'éclaircira ; et vous
éprouverez le regret d'avoir frappé avec tant
de cruauté une orpheline innocente. Vous
m'accusez d'être la maîtresse de votre fils !...
A peine me suis-je encore avoué à moi-même
que j'éprouve pour lui une autre affection
qu'un sentiment fraternel ! Vous voyez en moi
un monstre d'hypocrisie... Dieu est témoin
de ma droiture et de ma loyauté. Que ce Dieu
vous pardonne et vous comble de bénédic-
tions, en échange du mal que vous me faites.

Elle porta vivement à ses lèvres la main de

madame Van-Gastel, et suivit, en fondant
en larmes, le vieux commis qui attendait à
la porte, debout et impassible comme le
grand-livre sur lequel il traçait des chiffres
depuis quarante ans.

Il y avait tant de conviction et d'énergie
dans les dernières paroles de Marianne protestant de son innocence, que le bourgmestre
lui-même s'était senti ébranlé. Il arrêta néanmoins madame Van-Gastel qui faisait un
mouvement vers la jeune fille pour la retenir.

— Que ces Françaises sont d'habiles co-
médiennes! dit-il. En voici une qui trouve
moyen de m'émouvoir, quand je l'ai surprise en flagrant délit de son infamie. Grâce
à Dieu, nous en sommes délivrés. Dans quatre
heures, elle se trouvera à Harlingen; de là,
le bateau à vapeur la transportera à Amster-

dam. Une fois embarquée pour Anvers, elle ne saurait plus être dangereuse pour nos fils; bientôt, enfin, la France mettra encore, entre elle et les deux insensés qui l'aiment, des barrières insurmontables. Rentrez chez vous, madame, vous devez avoir besoin de repos.

— Du repos, moi, quand mes fils…

— Rentrez chez vous; je vous en donne l'ordre, interrompit-il avec dureté; gardez-vous d'aggraver par vos intercessions intempestives le châtiment que je réserve aux deux coupables.

Elle obéit en silence, et se retira. Le bourg-mestre descendit dans le salon où l'attendait Pétrus.

Pétrus, enveloppé de son manteau, mé-

ditait sinistrement dans le coin le plus obscur de la vaste pièce que les premières lueurs
du matin commençaient à éclairer.

— Comprenez - vous, maintenant, toute
l'étendue de votre folie? dit-il. Cette femme
pour laquelle vous souffrez depuis six mois,
cette réprouvée qui vous a fait braver l'autorité paternelle, et qui vous a rendu presque
fratricide , je l'ai surprise tout-à-l'heure dans
le lit de votre frère.

— Marianne! Cela est impossible, mon
père, s'écria Pétrus que la foudre semblait
avoir frappé.

— La bouche de votre père a-t-elle jamais
proféré un mensonge? D'ailleurs, votre mère
l'a vue comme moi... Eh bien! Pétrus?

— Mon père! mon père! murmura le jeune

homme éperdu de désespoir et de rage. Mon père! vous attisez la haine dans mon cœur.

— Votre passion, quelque insensée qu'elle soit, ne saurait résister longtemps à une pareille révélation. Vous oublierez bientôt ces folies; vous sourirez, en haussant les épaules, quand, par hasard, elles se présenteront à votre souvenir. Mes affaires m'appellent impérieusement, vous le savez, à Batavia.... J'avais pensé d'abord à vous faire entreprendre ce voyage; votre présence à Lewardeen me sera plus utile. C'est donc moi qui partirai. Pétrus, je vous montre une confiance sans bornes; je vous traite en homme sérieux et qui a fini, pour toujours, de payer un ridicule tribut aux passions de la jeunesse. Montrez-vous digne de la bonne opinion que j'ai de vous. Allez dans mes bureaux . le travail est le premier appareil qu'il faut poser sur des plaies de la nature des vôtres. Vous le savez, Pétrus, la maison Van-Gastel se trouve dans une crise commerciale qui peut décider de son sort et ruiner sa vieille réputation, intacte depuis tant d'annnées. Notre associé de Batavia m'inspire de sérieuses inquiétudes. Je mourrais de désespoir et de honte, si je ne pouvais remettre sans tache, dans les mains de mon fils aîné, comme je l'ai reçue, sans tache, des mains de mon père, cette maison célèbre par sa probité dans toute l'Europe... Pétrus, je compte sur vos efforts pour sauver la gloire de notre vieux nom.

Il tendit la main à Pétrus, et la serra avec émotion. Pétrus, profondément touché, s'inclina respectueusement, obéit aux ordres de son père, et descendit dans les bureaux.

Le bourgmestre monta dans le cabinet

où il avait enfermé Daniel. Quand il en ouvrit la porte, tout se trouvait encore dans le désordre causé par la lutte des deux frères; les meubles à demi brisés jonchaient le parque; le couteau de Pétrus gisait ouvert à quelques pas de là.

Daniel, agenouillé, priait avec ferveur. En entendant arriver son père, il se leva respectueusement et se tint devant lui, debout, les yeux baissés, et les bras croisés sur la poitrine.

— Menheyr, dit le vieillard, vous avez déshonoré ma maison : non content d'y apporter le mensonge et l'apostasie, vous avez séduit une jeune fille confiée aux soins de votre mère.

— Moi, mon père! Au nom du Dieu vivant, je vous jure...

— Ne cherchez point à nier; n'inventez
pas de mensonges et de faux serments... J'ai
surpris votre complice endormie dans votre lit.

— Marianne! Cela est impossible! cela
n'est point vrai, mon père!

— C'est une étrange impudence que celle
qui veut nier un fait. Je l'ai vu, vous dis-je.
Votre mère en a rougi de honte et d'indignation comme moi. Démentez donc les témoignages de nos yeux.

— Mon père, de fatales apparences vous
trompent! Différez, différez de frapper une
jeune fille innocente!

— Taisez-vous : l'aveu de votre faute aurait
pu me trouver indulgent; votre impudente
obstination à nier un fait, de l'évidence la

plus positive, me fait persister dans toute ma rigueur. Je devrais vous ordonner de quitter la Frise et la Hollande; je devrais abandonner, tout-à-fait, au sort qu'il a mérité, un misérable tel que vous... Cependant, par un reste de folle compassion, je vous permets de rester dans ma maison. Je vais partir pour Batavia, afin d'y sauver notre fortune, s'il en est temps encore. Tâchez de seconder votre frère pendant mon absence, et de faire enfin quelque chose pour l'honneur de notre maison.

— Mon père ! mon père !

— Si vous êtes capable de gagner honorablement votre vie par le travail, songez sérieusement à vous y préparer. Dieu sait quelles épreuves nous réserve l'avenir. Allez, maintenant et songez encore si vous l'osez, à une misérable créature qui vous poursui-

vait, la nuit, jusque dans votre chambre !
Une dévergondée qui abusait de votre simplicité, et qui attisait sans doute l'amour de Pétrus , comme elle encouragait votre folle
passion. Oubli profond sur ce passé de honte
et de dégoût!

V.

BAAS BLUM.

Les voitures dont on se sert, dans la Frise,
sont de petits cabriolets à caisse sculptée,
dressés sur des ressorts gigantesques et dont
les roues, trois fois grandes comme celles de
nos calèches ordinaires, peuvent impuné-

ment enfoncer, dans le sable, les gentes effi-
lées et maigres qui se réunissent autour de
leur moyeu. Aucune capote n'abrite le siége
étroit de ces frêles véhicules, traînés par de
grands chevaux, dont les formes athlétiques
tiennent de l'éléphant et qui rappellent à l'i-
magination les quadrupèdes antédiluviens. La
légèreté de la voiture contraste bizarrement
avec la pesanteur de l'attelage. Cependant, on
ne tarde pas à reconnaître que les haras fri-
sons n'ont point dégénéré depuis Agrippa,
qui aimait à en vanter le sang généreux. Les
voitures ne roulent point sur les routes,
étroites et macadamisées de coquillages blancs;
elles volent. On ne saurait se figurer de spectacle plus étrange et plus piquant à-la-fois,
que de voir une Frisonne sortir, ainsi que
son compagnon, des plis du manteau qui seul
les enveloppe tous les deux, l'une sa face osseuse, l'autre sa charmante tête couronnée

d'un diadème d'or et d'un voile qui flotte au gré du vent. Le visage frais, blanc et régulier de la jeune fille forme un contraste bizarre, avec les traits vigoureusement accentués et presque toujours anguleux de l'habitant de la Hollande orientale.

C'est dans une de ces voitures que le vieux commis Blum fit monter Marianne éperdue. Il jeta autour d'elle un pan du manteau qui le couvrait, fit un signe d'intelligence au bourgmestre, et sortit par la porte de Lewardeen qui menait à la route d'Allemagne. Arrivé à un mille environ de la ville, il descendit, et fit descendre de voiture sa compagne, détacha, de l'essieu, la caisse de la voiture, et le remplaça par deux poutres garnies d'une légère lame de métal, placée sur sa surface la plus mince. Il adapta ensuite, aux fers du cheval, de grands et hauts crampons.

Après avoir improvisé ce traîneau, il confia les roues à la garde d'un fermier de ses amis, descendit sur la glace d'un canal, et partit avec une rapidité dont ne peuvent se faire une idée exacte ceux qui n'ont point voyagé de la sorte.

Anéantie par les événements qui l'avaient frappée, sans qu'elle pût se les expliquer, transie de froid, Marianne se laissait emmener machinalement : elle était arrivée dans le port de Harlingen qu'elle n'avait point encore échangé un mot avec Baas (1) Blum. Ce fut seulement sur le chenal, près de l'endroit même où se tenait, à l'ancre, un steamboat

____

(1) En hollandais, le mot *Baas* remplace, dans le langage ordinaire, notre locution familière : *maître*. On le place indistinctement avant ou après le nom propre.

prêt à partir, que le vieil Allemand arrêta son cheval. Il sortit du traîneau, prit dans ses bras Marianne presqu'inanimée, l'emmena dans le pavillon du bateau à vapeur, et revint ensuite échanger rapidement quelques mots avec un aubergiste du voisinage qui s'était empressé d'accourir, dès qu'il avait vu passer, devant sa porte, une de ses pratiques habituelles : Baas Blum. Malgré l'air mystérieux de ces deux personnages, et les précautions qu'ils prirent pour ne point être entendus, nous dirons qu'il s'agissait seulement entre eux, d'une part, de recommander et de l'autre de promettre le silence sur le séjour que le cheval et le traîneau feraient dans les écuries de l'auberge, jusqu'au retour du vieil Allemand.

Marianne, couchée sur une des banquettes du pavillon, ne tarda point à sortir de son engourdissement, grâce au manteau doublé de fourrure dont l'avait couverte celui à qui se trouvait confié, d'une manière inexplicable pour elle, le soin de sa destinée. Il s'assit près de la jeune fille : quand il la vit soulever la tête, il lui adressa quelques mots de sa voix tudesque, qui écorchait avec un égal succès la langue française et la langue hollandaise, et dont l'accent eût été odieux, s'il n'eût été ridicule.

Peut-être est-ce le cas de placer ici le portrait de Baas Blum, de donner une idée de sa personne et d'esquisser son caractère.

Baas Frantz-Hermann Blum, était un de ces Allemands laborieux et pauvres qui viennent apporter, au service des Hollandais, ce que les Hollandais sont trop fiers et trop riches surtout pour jamais posséder : une activité humble, soumise, et une intelligence résignée aux rôles subalternes. Les Allemands comprennent, à demi-mot, exécutent à la lettre les ordres qu'ils reçoivent, ne vont jamais au-delà, ne restent jamais en-deçà. Obéissant, comme le bras au cerveau, comme la girouette au vent, un bon commis allemand est un trésor d'exactitude, de ponctualité et de discrétion. Tel était Frantz Blum. Sans que son cœur y entrât pour rien, il eût donné à son patron Van-Gastel les plus grandes preuves de dévouement, non parce qu'il l'aimait, mais parce qu'il lui appartenait. Jamais une réflexion ne naissait dans sa pensée, quand il recevait un ordre du bourgmestre. Il touchait, pour obéir, des honoraires convenables; il fallait donc les gagner avec loyauté et par l'obéissance la plus illimitée.

Un tel caractère devait convenir à l'impérieux négociant. Aussi faisait-il grand cas de cette nature de cire molle qui prenait les empreintes et les formes les plus opposées, sans résistance et sans effort. Baas Frantz Blum était au service du bourgmestre depuis trente ans. Ce dernier n'avait point tardé à s'apercevoir que son commis professait un goût passionné pour l'ivrognerie; il lui déclara qu'il fallait opter entre ce goût ou ses bureaux.

— Jamais, je vous le jure, menheyr le bourgmestre ne verra son serviteur pris de boisson, répondit le commis allemand.

En effet, personne ne devint, le jour, plus sobre que Blum. Il ne buvait que de l'eau, et toutes les sollicitations possibles ne l'eussent point déterminé à s'écarter de ce régime rigoureux. Seulement, en revanche, dès que venaient huit heures du soir, il montait dans sa petite chambre et s'y enfermait à double tour. Là, couché sur son lit, il établissait une ample compensation aux privations de la journée. Deux ou trois bouteilles d'eau-de-vie ne tardaient point à le jeter dans une ivresse profonde, et à l'endormir jusqu'au lendemain matin. A sept heures, il s'éveillait instinctivement, se rendait à son bureau, et y devenait, jusqu'au coucher du soleil, un modèle de sobriété.

Comme les gens qui s'adonnent avec excès aux liqueurs spiritueuses, Blum était pâle, livide et maigre : son nez s'était à lui seul approprié toute la coloration du visage ; le vieux commis joignait à cet agrément une taille quelque peu déviée et une jambe légèrement en retard de l'autre ; du reste, soumis jusqu'à l'abjection avec le bourgmestre, important et bourru avec les autres commis, enfin toujours prêt à aboyer contre ceux que son maître prenait en haine, fût-ce même les propres fils du négociant.

Avec cette dernière qualité, le vieux commis ne devait pas éprouver une grande estime et une bienveillance démesurée pour Marianne. Il avait entendu le bourgmestre exprimer hautement son indignation et son mépris pour elle. De plus, elle était Française, et Blum partageait contre les Françaises, les préjugés unanimement répandus, à cet égard, dans la Frise. Pour lui, une Française était une sorte de créature frivole, bavarde, décolletée, et professant, pour la dissipation ou pour l'intrigue, une forcenée monomanie. Sans la dernière recommandation de menheyr Van-Gastel : — « Prenez d'elle

« les plus grands soins et justifiez la con-
« fiance dont je vous honore ; » il eût agi
tout autrement qu'il ne le faisait envers celle
que son patron chassait de chez lui. Les ordres du bourgmestre retentissaient constam-
ment à son souvenir et réprimaient les ma-
nifestations malveillantes prêtes à s'échapper
de ses lèvres.

Cependant, il ne pouvait pardonner à la
jeune fille la réserve pleine de dignité dans
laquelle elle se renfermait à son égard. Deux
ou trois fois, pendant leur excursion, elle
avait, avec une convenance qui imposait malgré lui au vieil Allemand, réprimé des façons
d'agir trop familières. Il avait cédé, il s'était
amendé, il était devenu plus respectueux.
Habitué à une soumission absolue, tout ce
qui ressemblait à une volonté ferme et à une
véritable autorité le rendait soumis. Il gar-

dait, néanmoins, un profond ressentiment de sa faiblesse contre celle qui l'avait causée. Comme les chiens hargneux, il se prosternait en rampant sous le fouet, tandis que son regard sombre trahissait une secrète envie, réprimée par un sentiment de sévérité, de s'élancer et de mordre.

Les choses allèrent bien pendant la journée; il n'en fut plus de même quand le soir ramena l'heure où le commis se renfermait dans sa chambre et se plaçait en face de ses bouteilles. Le respect humain l'empêchait de se livrer à sa passion dominante, en présence de Marianne et des voyageurs du pavillon. Il lutta victorieusement une heure; son courage et sa force s'affaiblirent peu à peu dans la lutte. La gorge lui brûlait; une inquiétude fiévreuse le faisait se mouvoir sans cause apparente et s'agiter outre mesure. A la fin, il se glissa hors du pavillon, se rendit furtivement à la cambuse et s'y fit donner un verre d'eau-de-vie.

Loin de le calmer et de servir de palliatif, cette transaction ne servit qu'à rendre plus ardente sa soif et plus énergique la force de l'habitude. Il retourna à la cambuse une fois, deux, trois, six fois, et finit par venir tomber, ivre-mort, au pied de la banquette sur laquelle Marianne était étendue pour reposer. Quand elle vit ce vieillard, en proie aux plus hideux symptômes de l'ivrognerie, devenir un objet de dégoût pour ceux qui l'entouraient, elle sentit cruellement combien était déplorable l'abandon d'une jeune fille confiée à un pareil protecteur. Le lendemain matin, elle adressa doucement mais avec fermeté, des reproches à Blum, encore tout étourdi par sa débauche de la veille.

Il balbutia, en grondant, quelques paroles de justification, et finit par déclarer qu'on se devait, en ce bas-monde, une indulgence mutuelle.

— A vous les amoureux, à moi la bouteille! conclut-il.

Cette insulte raviva le désespoir de Marianne et la rendit à toute la conscience de son infortune. Pourquoi son bienfaiteur l'avait-il honteusement chassée? Comment s'était-elle trouvée transportée dans la chambre et sur le lit de Daniel? Personne n'avait pris sa défense, ni madame Van-Gastel, ni Daniel lui-même, qui d'un mot pouvait la justifier. Daniel! Oh! c'est lui qui laisse en son cœur la blessure la plus douloureuse. Daniel! Non, il n'a pu l'abandonner; il est trop noble et trop généreux pour commettre une lâcheté! S'il avait connu la détresse de Marianne, il

serait venu à elle comme un frère... Daniel !
Elle en est séparée à toujours ; elle n'entendra plus les paroles de sa voix grave et mélodieuse ; elle ne le verra plus jeter, parfois ,
sur elle un regard plein de douceur et de mélancolie ! Daniel !... Maintenant qu'elle s'en
trouve éloignée à jamais, elle peut se l'avouer,
elle l'aime ! Quelle différence entre lui et ce
farouche Pétrus, toujours sombre, toujours
hostile ! Daniel ! Daniel ! elle ne le verra plus.
Elle ne le reverra plus ! mon Dieu !

Des larmes coulaient de ses yeux à cette
pensée, qui ne la quitta point jusqu'à son
arrivée à Pa is.

Pendant toute la route, Blum avait persévéré dans son habitude de boire jusqu'à perdre la raison. D'abord il ne le faisait que le sòir; peu à peu, ensuite, il s'y prit de meilleure heure. Il en advint qu'insensiblement, il finit par ne plus retrouver son intelligence : trois jours s'étaient écoulés, pour lui, sans une intermittence de sang-froid, lorsqu'il franchit la barrière Saint-Martin. Marianne, éperdue, ne savait à quelle résolution s'arrêter ; l'ivrogne lui inspirait une terreur véritable, et son éducation, qui ne l'avait jamais placée en face de la vie réelle, la laissait sans expérience pour se loger convenablement à Paris. Le visage couvert de honte, elle fit placer Blum dans un fiacre et désigna au cocher, pour but de sa course, le premier hôtel venu dont on lui avait remis l'adresse, au sortir de la diligence.

Cet hôtel était un de ces bouges humides et sombres qui avoisinent le Palais-Royal et qui ne reçoivent guère de chalands que les provinciaux, venus pour la première fois à Paris, et n'osant pas reculer devant l'aspect désobligeant de ces tristes auberges. On descendit l'ivrogne et on le porta dans une petite chambre pavée de dalles en terre cuite. La simplicité des vêtements de Marianne et la légèreté de son bagage donnèrent à la maîtresse d'hôtel une médiocre opinion de la richesse des voyageurs.

Le premier soin de Marianne fut d'écrire à madame Peyraicave, et d'envoyer sur-le-champ sa lettre. Il lui tardait de prendre congé de son compagnon de route. Le commissionnaire donna, pour réponse, que madame Peyraicave était absente; on ignorait l'époque probable de son retour; il rapportait la lettre. Marianne résolut d'aller s'informer elle-même de l'époque à laquelle reviendrait son amie. Elle monta dans une voiture de place et se fit conduire chez le peintre. On lui apprit qu'il était parti pour l'Italie depuis une semaine, et que madame Peyraicave l'avait accompagné avec sa fille. On présumait que leur voyage durerait pour le moins sept à huit mois. A cette nouvelle, Marianne pensa tomber évanouie; elle remonta chancelante dans le fiacre, qui la ramena à l'hôtel garni, sans qu'elle en eût donné l'ordre. Trois ou quatre fois, le cocher lui avait adressé la parole sans en recevoir de réponse. Anéantie par la douleur, elle n'entendait pas, elle ne voyait point.

Éperdue, éplorée, quand elle rentra dans la chambre de Blum elle la trouva vide. L'ivrogne, débarrassé d'une surveillance importune, était descendu sans que personne prît garde à lui.

Après Peyraicave, Marianne ne connaissait

point d'autre ami de son père que le docteur Kreischmann, à qui elle pût demander un asile. Elle se fit de nouveau amener une voiture, et ordonna qu'on la conduisît au petit hôtel du docteur; elle ne trouva même pas un concierge pour lui répondre. Tout annonçait que, depuis longtemps, la maison avait cessé d'être habitée. Les volets des fenêtres se trouvaient hermétiquement fermés; les arbres jetaient follement, au hasard, leurs branches que n'avait point émondées le ciseau du jardinier; l'herbe poussait dans la cour, entre les joints des pavés. Il fallut que Marianne recourût à une voisine pour prendre des informations.

— Le docteur est parti, tout-à-coup, et sans prévenir personne, répondit cette femme. Un matin, on a trouvé la maison fermée et abandonnée comme vous la voyez.

Que l'on se figure une jeune fille de dix-
huit ans, à laquelle la tendresse passionnée
de son père n'avait laissé entrevoir aucune
des réalités de la vie; l'existence claustrale de
la maison du bourgmestre ne l'avait guère for-
mée à une initiation plus positive, et elle qui se
trouvait, tout-à-coup, jetée dans Paris, sans
un ami pour la recevoir et pour la protéger?
Que va-t-elle devenir? A qui s'adresser? Parmi
les nombreuses relations de son père, aucune
ne lui est personnellement connue; elle les a
quelquefois vues, à peine, dans les fêtes qu'Anselme donnait, chez lui, chaque année. Tendre
la main, solliciter la pitié, jamais... D'ailleurs,
elle a presque oublié les noms de ces personnes
et elle ignore leurs demeures! Mon Dieu, que
faire? A quelle résolution s'arrêter? Il faut
qu'elle rentre à l'hôtel, qu'elle veille sur Blum,
qu'elle l'oblige à cesser de s'enivrer. Peut-être
lui donnera-t-il un bon conseil; et puis sans

doute il a reçu des instructions du bourgmestre.

Elle se fit en toute hâte reconduire à l'hôtel
garni.

Son compagnon n'était pas encore de retour.

Toute la soirée s'écoula sans qu'il revînt;
elle prêtait sans cesse l'oreille pour épier le
bruit de ses pas. Dix heures, onze heures, minuit sonnèrent et Marianne, occupée sans cesse
à épier le moindre bruit, n'entendit pas rentrer Baas Blum.

Le jour se montra, et la matinée ne ramena point Blum. La pauvre jeune fille était
dans une anxiété indicible; elle désirait maintenant la présence du vieil ivrogne avec au-

tant d'ardeur que cette présence lui inspirait naguère de dégoût.

Il ne revint pas.

Si l'absence de Blum inspirait de l'inquiétude à Marianne, elle préoccupait également,
d'une façon assez vive, la maîtresse de l'hôtel
garni. Vers trois heures, la grosse femme
monta chez la jeune fille qu'elle trouva en
larmes.

— Votre père ne rentre point, mademoiselle?

— Cet homme n'est point mon père, interrompit Marianne avec vivacité.

— L'hôtesse répondit à cette interruption
par une grimace significative et insultante.
Elle ne prenait déjà plus la peine de se con-
traindre avec Marianne.

J'ai l'habitude, tous les deux jours, de ré-
gler mes comptes avec mes hôtes : voici, mademoiselle, la note de vos dépenses. Veuillez
me la solder; elle se monte à vingt francs
soixante centimes... Ah ! c'est que votre...
votre monsieur a beaucoup bu d'eau-de-vie.

Marianne chercha dans les bagages de Blum
l'argent nécessaire pour payer cette créature
grossière. L'ivrogne avait emporté sa bourse
et son portefeuille.

A cette fatale découverte, Marianne pâlit·

Il faut attendre le retour de mon compagnon de voyage, balbutia-t-elle.

— Qui ne reviendra point, n'est-ce pas ?
répliqua l'hôtesse. Il suffit! Nous sommes habitués, dans notre état, à des histoires de ce

genre. Ne craignez rien ! Nous savons comment cela se pratique. Le bonhomme était las de vous et vous étiez lasse de lui ; il s'en est allé sans vous laisser d'argent : c'est peu délicat, mais ça arrive souvent. Essuyez vos yeux ; je vais prendre, pour me payer des vingt francs que vous me devez, ce manteau de gros drap ; il les vaut à peine, mais il faut savoir faire une concession à propos. Maintenant, formez un paquet du reste de vos hardes, et allez chercher un asile où bon vous semblera. Vous n'avez point de papiers ; le vieux ne m'en a point remis ; je m'exposerais aux rigueurs de la police, en vous gardant plus longtemps chez moi.

Marianne écoutait ces fatales paroles avec un désespoir voisin du délire.

— Que voulez vous que je devienne, si

vous me chassez, madame? Au nom du ciel, laissez-moi le temps de me reconnaître et de faire quelques démarches! Je m'adresserai aux amis de ma famille. D'ailleurs, Baas Blum ne peut tarder à revenir.

— Croyez cela, et vous aurez une belle croyance! Le bonhomme ne pense plus à vous; d'ailleurs, en supposant qu'il y songeât, croyez-vous qu'un ivrogne aille bien long-temps et bien loin dans Paris, avec une bourse et un portefeuille dans sa poche? Allons, ma belle, déguerpissez à l'amiable, ou bien je vais faire ma déclaration à la po-lice. Comme vous manquez de papiers, on vous arrêtera, et il ne faudra vous en pren-dre qu'à vous, si les choses en viennent à cette fâcheuse extrémité.

Après bien des prières et des larmes de

Marianne, la vieille hôtellière finit par se laisser toucher; sa compassion, toutefois, fut telle que pouvait se formuler ce sentiment chez une pareille créature! Elle s'empara du peu de linge et d'effets que sa première dépradation avait laissés à Marianne, les estima à un prix beaucoup au-dessous de leur valeur réelle, et déclara que cette somme épuisée, si Blum n'était point de retour, la jeune fille quitterait l'hôtel.

Trois jours se passèrent encore; trois jours d'angoisses et de désespoir pour Marianne! Elle ignorait l'adresse des personnes connues de son père, et dont le nom s'offrait à sa mémoire! Où leur écrire? Et puis, comme elle se l'était déjà dit, mendier, tendre la main, oh! plutôt la mort.

Quand ces trois jours furent finis, l'hôte-

lière monta dans la chambre de Marianne ,
qui pleurait et priait.

— Vous n'avez plus d'argent , lui dit-elle ,
partez.

Marianne se jeta à ses genoux.

— Donnez-moi de l'ouvrage, supplia-t-
elle. Je serai votre ouvrière, votre servante
même, si vous le voulez.

La vieille femme sourit d'une façon odieuse,
se pencha à l'oreille de Marianne et y murmura quelques mots infames.

La pauvre enfant jeta un cri d'horreur et ,
pâle, indignée, elle s'enfuit de cet épouvantable bouge.

Elle marcha longtemps au hasard, sans

but, sans savoir ce qu'elle faisait. Sa tête
était brûlante et ses idées se trouvaient dans
un désordre complet. Cependant le froid sé-
vissait avec violence; le vent soufflait; une
glace épaisse couvrait la Seine; la neige, com-
mençant à tomber avec abondance, amenait
l'obscurité et hâtait les premières ombres du
soir. Marianne allait toujours, saisie d'épouvante, affollée, éperdue. En traversant une
rue sombre, des passants lui adressèrent la
parole; elle se mit à fuir et à courir. A la fin,
elle tomba évanouie sur la neige, qui ne
tarda point à la recouvrir d'une couche
glacée.

Tandis qu'elle gisait ainsi au pied d'un mur
dans une des rues solitaires qui avoisinent le
faubourg Poissonnière, vers son extrémité la
plus déserte, des gardes nationaux, rassem-
blés autour d'une table, jouaient gaiement à

l'écarté dans le corps-de-garde de la rue Pinon, et se disaient les uns aux autres de fous et joyeux propos, tels qu'il s'en échange entre jeunes gens.

Lorsqu'un garde national ouvrait la porte pour entrer au poste ou pour en sortir, un jeune homme, assis près du poêle, rajustait autour de lui son manteau afin d'éviter le contact de l'air glacé que la porte entr'ouverte jetait dans le corps-de-garde. Il avait pris cependant, contre le froid, des précautions extrêmes et pleines d'exagération : des gants fourrés enveloppaient ses mains ; un bonnet de velours s'abattait sur ses oreilles, et il avait chaussé, par-dessus ses bottes, des guêtres de voyage doublées intérieurement de fourrures. L'officier, après avoir ordonné un appel de tambour, désigna, pour la première patrouille, M. Ernest de Mandelle : le jeune homme jeta un soupir, maudit énergiquement les devoirs imposés par la garde nationale, plaça un foulard devant ses lèvres, pour ne point respirer *ex abrupto* l'âpreté de l'air, et prit son fusil, non sans gémir et sans penser qu'il courait les chances terribles de revenir avec les germes d'une pneumonie. Ce qui pouvait lui arriver de plus heureux, c'était d'en être quitte pour sentir se raviver les douleurs rhumatismales qu'il éprouvait depuis certaine nuit passée à épier le docteur Kreischmann et sa ravissante pupille... Et penser que le docteur a quitté Paris sans qu'aucune recherche ait pu faire découvrir le lieu de sa retraite!... Pourtant, il l'a juré, il tirera vengeance de Kreischmann. Il faut qu'il obtienne une revanche éclatante de ce damné Allemand, et il ne peut l'obtenir qu'en lui enlevant sa pupille. D'ailleurs, il aime Blanche, et il en est aimé. Il sait qu'elle est orpheline et qu'elle possède une grande fortune. Quand son tuteur se verra enlever cette riche proie, et qu'il lui faudra rendre compte des biens qu'il administre, la grimace qu'il fera compensera de reste l'ennui qu'il a causé à Ernest pendant cette maudite nuit... Mais il faut retrouver Blanche, et aucun indice ne peut le mettre sur ses traces!... Il n'a rien à attendre que du hasard; toutes les recherches imaginables ont été tentées et épuisées !

Telles étaient les pensées d'Ernest de Mandelle tandis qu'enveloppé de son manteau et de ses fourrures, il suivait la patrouille dont il faisait partie. Cette patrouille marchait sous les ordres d'un caporal, et ce caporal était un coiffeur, bel esprit, loustic, qui ne manquait jamais l'occasion de beugler une charge ou de débiter une plaisanterie plus ou moins heureuse. Chemin faisant, et sans respect pour

les glorieux galons de laine rouge qui déco-
raient ses manches, il avait débité outre mesure des calembougs, ironiquement admirés
par les amis d'Ernest, qui s'égayaient un peu
aux dépens de leur chef momentané. Au mépris de la consigne qui ordonne le silence
dans les rangs, le caporal était en train de
raconter je ne sais quelle grossière histoire,
où les jeux de mots, les équivoques et les
doubles sens jouaient un grand rôle, lorque,
tout-à-coup son pied heurta quelque chose,
qui gisait à terre. Il résulta de ce choc que le
beau parleur faillit tomber, tout de son long,
sur le pavé couvert de neige. Il en fut quitte,
toutefois, pour mettre un genou en terre,
après avoir laissé échapper son fusil. Le coiffeur, exaspéré de cet affront, releva son
arme, frotta sa jambe endolorie, et se retourna pour voir quel objet avait ainsi manqué de respect au pied d'un caporal. La chose

n'était point facile à constater; la neige tombait en abondance et atténuait, à peu près complètement, la lumière fauve et vacillante d'un réverbère hissé au bout d'une poutre.

Un des gardes nationaux sonda la neige avec la pointe de sa baïonnette.

— C'est un cadavre ! s'écria-t-il.

— Un cadavre ! répétèrent ses trois compagnons et le caporal lui-même qui oublia sa mésaventure et sa colère; car cette rencontre dramatique devait faire honneur à la patrouille qu'il commandait.

Il se baissa donc pour écarter la neige qui couvrait le corps inanimé.

— Une femme ! c'est une femme, dit-il. Il

faut aller chercher le commissaire de police pour dresser procès-verbal.

— Il me semble plus rationnel de donner des secours à cette pauvre créature et de la transporter dans une maison voisine. Peut-être est-il encore possible de la rappeler à la vie, interrompit Ernest.

Les trois autres jeunes gens partagèrent cette opinion. Ernest se dépouilla de son manteau, non sans gémir, tout bas, sur les périls auxquels l'exposait un pareil acte d'héroïsme. On releva le cadavre, on le débarrassa de la neige qui le couvrait, et on l'enveloppa du manteau de M. de Mandelle : la patrouille, chargée de ce fardeau, hâta le pas et reprit, en toute hâte, le chemin du corps-de-garde, tandis qu'un des jeunes gens courait chez un médecin du voisinage pour réclamer des secours et l'amener près de l'infortunée.

Dès que la patrouille fut de retour au corps-de-garde avec son lugubre fardeau, on rassembla à la hâte tous les matelas, on les disposa près du poêle et on coucha le cadavre sur ce lit improvisé. On put constater alors que c'était une jeune fille, dont les traits, raidis par le froid, gardaient encore néanmoins des traces de beauté. Ernest n'avait vu Marianne que deux ou trois fois chez Anselme, en costume de bal, couronnée de fleurs, et dans une élégance de costume qui ne lui permettait guère de la reconnaître, grossièrement vêtue et trouvée, à minuit, morte de froid, sur le pavé d'une rue solitaire. Il ne s'en montra pas moins un des plus dévoués à prodiguer ses soins à l'infortunée.

Tandis que chacun s'évertuait à la rappeler à la vie, un médecin arriva enfin et donna une direction au traitement. Peu à peu, Marianne donna quelques signes d'existence; elle ouvrit les yeux, et un soupir s'échappa lentement de sa poitrine.

— Messieurs, dit Ernest, un corps-de-garde me paraît assez incommode pour une malade. Si le docteur pense qu'on puisse sans danger transporter cette jeune fille chez lui, nous devons l'engager à y consentir. Quant à moi, je me chargerai volontiers de l'indemniser de ses soins et des embarras qu'on va lui causer.

— Nous voulons tous prendre notre part de cette bonne œuvre, interrompirent les assistants.

— Eh bien! que le chef du poste ouvre

une collecte pour la pauvre fille. Je vais aider le docteur à la faire placer sur une civière; on la transportera chez lui sous ma surveillance, tandis qu'il prendra les devants et qu'il disposera tout pour la recevoir.

Marianne avait ouvert les yeux et soulevé la tête pendant qu'Ernest parlait ainsi; mais bientôt sa tête était retombée et ses paupières s'étaient closes de nouveau.

—Le froid a produit moins de mal que je le redoutais, dit le docteur. La couche de neige qui recouvrait cette jeune fille a empêché les extrémités de se geler. Voyez encore : les mouvements de la poitrine annoncent une respiration douce et libre. Le cordial qu'elle vient de boire a rendu au sang une circulation active. J'espère que demain la malade se trouvera miraculeusement échappée à toute chance funeste. Si son sommeil présentait, plus tard, des symptômes inquiétants, je saurais le combattre avec efficacité; maintenant, il ne peut être que salutaire.

Le médecin, en achevant ces mots, quitta le corps-de-garde. Ernest prit le manteau d'un de ses camarades, pour en couvrir Marianne, et s'enveloppa du sien, en s'assurant qu'il n'y restait aucune particule de neige ou de glace. Après ces précautions, il fit déposer la jeune fille sur un des brancards recouverts qui se trouvent dans toutes les mairies, prit la main de Marianne, pour étudier l'état de son pouls, et donna l'ordre au petit convoi de se mettre en marche.

A peine avait-il fait quelques pas, que M. de Mandelle sentit la main de Marianne tressaillir.

— Monsieur de Mandelle, murmura-t-elle en se soulevant; monsieur de Mandelle, vous pensez à Blanche?

— Blanche! répéta-t-il avec stupéfaction. Blanche! Qui vous a révélé ce secret? Comment la connaissez-vous?

— Je l'ai vue chez mon père! chez votre ami... chez Anselme de Selvignies.

— Vous êtes la fille d'Anselme? vous êtes Marianne?

— Chut! ne me troublez pas. Je vois Blanche; elle pense à vous, elle pleure de votre absence. Le docteur Kreischmann est près d'elle... La belle villa!... Quel doux ciel que le ciel de Florence!

—Blanche, à Florence? En Italie? Le doc-

teur vous a donc confié le secret de sa retraite?

— A Florence! Au bord de l'Arno, répé-
ta-t elle d'une voix lente et grave. A Florence!
Elle pense à vous… Et lui aussi il pense à vous!
Son sourcil se fronce rien qu'à votre souvenir. Elle, une larme brille dans ses yeux!

En ce moment, la civière franchissait le
seuil de la maison du docteur. Quand on fut
entré, au rez-de-chaussée, dans la chambre
que le médecin avait fait préparer, et qu'on
eût placé Marianne sur le lit, elle semblait
dormir d'un sommeil profond. Ce sommeil,
au moment même où M. de Mandelle venait
d'entendre sa voix, donna singulièrement à
penser à l'amant de Blanche. Il s'étonna de la
présence d'esprit et de l'aplomb d'une jeune
fille qui feignait de dormir, au moment où

elle se trouvait assez éveillée pour trahir, en termes dramatiques et romanesques, un secret qu'elle ne pouvait connaître que par les confidences du docteur : ces réflexions commencèrent à refroidir beaucoup les bonnes dispositions d'Ernest pour la fille de son ancien ami Anselme de Selvignies.

Tout en se livrant à ces pensées, il prit la prudente résolution de ne point retourner au corps-de-garde et d'aller se coucher dans son lit, préférable de beaucoup aux rudes planches et aux matelas équivoques du poste. Il s'objecta judicieusement, qu'au milieu des conversations sur la jeune fille, personne ne s'apercevrait de la disparition d'un chasseur, et que même, la remarquât-on, on ne manquerait pas de l'attribuer aux soins que nécessitait la malade. Il rentra donc chez lui et ne tarda point à s'endormir, en repassant, dans son cerveau, les événements dont il avait été le témoin et presque le héros. La crainte des rhumatismes, le tendre souvenir de Blanche, la haine du docteur se mêlaient à ces souvenirs, et finirent par se confondre dans un sommeil dont le calme eût fait envie à Épiménide lui-même.

Le lendemain matin, M. de Mandelle, avant de reparaître au corps-de-garde, se rendit près de Marianne. Il la trouva encore souffrante et dans un extrême accablement.

— Mademoiselle, dit-il, j'ignore et je veux ignorer quels motifs vous ont jetée dans la triste position où je vous trouve. Vous êtes la fille d'un homme que j'estimais; il est de mon devoir de venir à votre aide.

Marianne lui raconta comment, après avoir

été recueillie par menheyr Van-Gastel, elle avait été tout-à-coup brusquement chassée de la maison de son bienfaiteur. Elle termina ce récit par la disparition du vieux commis.

Ernest ne crut pas un mot de ce qu'elle lui disait; tout, dans ce récit, portait un cachet d'invraisemblance qui se trahissait à chaque mot. Il en résulta seulement, pour lui, que Marianne s'était fait enlever par un séducteur qui l'avait abandonnée; histoire d'une banalité quotidienne, drame vulgaire qui se renouvelle chaque jour à Paris.

— Blanche, dit-il, et le docteur Kreischmann sont à Florence? De qui tenez-vous les détails que vous m'avez donnés hier sur lui?

— Blanche? le docteur? Mais je n'ai rien appris d'eux depuis la nuit fatale où je les ai vus, pour la dernière fois, chez mon père.

— Vous m'avez dit hier qu'ils habitaient Florence, dans une villa, au bord de l'Arno; que Blanche m'aimait; que le docteur fronçait le sourcil rien qu'à ma pensée.

— Comment aurais-je pu vous apprendre des choses que j'ignore moi-même? demanda Marianne avec une candeur qui parut admirablement jouée à M. de Mandelle.

— Cette scène vaut la comédie d'hier soir. Écoutez-moi, ma chère enfant, je ne suis pas un Hollandais pour me laisser prendre à ces petits manéges. Parlons franchement : m'avez-vous dit hier la vérité ou bien vous êtes-vous moquée de moi?

Marianne ne put répondre que par des larmes à cette question faite d'un ton ironique et cavalier.

— Mon Dieu! dit-elle, mon Dieu! quel est donc mon crime pour que vous m'accabliez de tant de misère et de honte?

— Bien! nous voici dans le mélodrame, reprit Ernest, convaincu, plus que jamais, d'avoir affaire à une aventurière. Pour la dernière fois, vos confidences d'hier soir reposent-elles sur quelque chose de véridique?

— Mais je n'ai rien pu dire de ce que j'ignore! gémit Marianne désespérée.

— Il suffit, mademoiselle, interrompit M. de Mandelle en se levant.

Il quitta Marianne, descendit chez le médecin, et lui donna quelques pièces d'or.

— Tenez, docteur, lui dit-il, vous remettrez ma bourse à cette petite intrigante. Je vous engage à vous en débarrasser le plus tôt possible. Elle ne mérite pas l'intérêt d'un honnête homme.

VI.

Lorsque Ernest revint, le matin, au corps-de-garde, ses amis le saluèrent d'acclamations joyeuses et chacun l'entoura en riant :

— Nous avons fait aussi notre trouvaille nocturne, dit un des jeunes gens qui avaient passé la nuit sous l'uniforme national. Dans son genre, la nôtre est plus accomplie que la vôtre.

— Je le crois sans peine, répliqua M. de Mandelle : notre héroïne d'hier n'est, je le soupçonne fort, qu'une intrigante ou une fille perdue; peut-être l'une et l'autre; dans tous les cas, elle ne saurait mériter l'intérêt que vous vouliez lui témoigner; je vous engage à reprendre le montant de votre collecte ou à l'employer à un meilleur usage que sa première destination. Tout est mensonge chez cette jeune fille; tout, jusqu'à l'évanouissement qui nous a, hier, si profondément émus. A peine avions-nous quitté le corps-de-garde, que, chemin faisant, l'habile comédienne a interrompu la scène qu'elle jouait pour me parler d'une intrigue qui m'occupe et pour chercher à y jouer un rôle.

Ce peu de paroles fit passer subitement, de l'intérêt à la malveillance, ceux que la triste position de Marianne, la veille au soir, avait si vivement attendris. En entendant le récit d'Ernest, ils portèrent des regards de regrets vers les deux piles de pièces de cinq francs qui se trouvaient amoncelées sur la table de l'officier.

— Donnez cela à de plus dignes d'intérêt, continua Ernest; j'ai, d'ailleurs, pourvu aux premiers besoins de la jeune fille, que l'in-conduite seule a jetée dans la misère. Elle porte un nom illustre; je n'ai pas voulu, par respect pour ce nom, l'abandonner tout-à-fait. Maintenant, laissons là ce triste sujet, et par-lons de la trouvaille qui vous égayait si bien tout-à-l'heure.

A ces mots, les rires recommencèrent de

toutes parts, et on conduisit Ernest dans la petite pièce, attenant au corps-de-garde, qu'on nomme le violon. Là, quelqu'un souleva la redingote à capuchon réservée pour les sentinelles, et Ernest aperçut alors, cachée sous la grossière étoffe, une figure tellement grotesque, qu'il se demanda sérieusement à quelle variété de l'espèce des singes pouvait appartenir une pareille créature. C'était un affreux vieillard auquel il restait, pour tout vêtement, un caleçon et une sorte de cuirasse en flanelle piquée, doublée et qui étendait, sur deux bras velus et décharnés, des manches souillées par la boue. Les cheveux grisonnants de cet homme retombaient en désordre autour d'un visage à la fois livide et couperosé, au milieu duquel surgissait un nez teint de toutes les nuances du violet et de la pourpre.

— Rien encore n'a pu le tirer de la somnolence où il est plongé, dit un des spectateurs en uniforme. En faisant une patrouille, nous l'avons rencontré, la nuit, dans un état complet d'ivresse. Il battait les murs sans s'apercevoir de la légèreté de son accoutrement. Ils s'est laissé amener au corps-de-garde, n'a pas fait de résistance, et n'a point tardé à s'endormir du sommeil où vous le voyez plongé. C'est quelque pauvre diable que des voleurs auront grisé pour le dépouiller ensuite plus à leur aise. Vous le voyez, ils se sont acquittés en conscience de cette besogne.

— Il faut l'éveiller et l'interroger.

— L'éveiller! Les trompettes du jugement dernier n'en viendraient pas à bout. Déjà nous avons essayé, cinq ou six fois, de l'arracher au sommeil; il s'est contenté de grogner sourdement et s'est rendormi aussitôt.

— Peut-être serai-je plus heureux, interrompit Ernest, qui fit signe au tambour d'approcher avec sa caisse et de battre un roule-
ment.

Le moyen fut efficace; le vieillard tressaillit, ouvrit les yeux, bâilla, étendit les bras et
frissonna sous l'impression du froid. Une surprise extrême se lisait sur son visage, tandis
qu'il regardait autour de lui et qu'il se voyait
entouré de militaires et de personnes incon-
nues. Il balbutia une exclamation de surprise
dans une langue étrangère, rassembla autour
de ses épaules le manteau qu'on avait jeté sur
lui, et baissa la tête, comme un homme qui
se trouverait le jouet d'une hallucination inexplicable. Il passait ses mains sur son front
pour tâcher d'y réveiller des souvenirs qui
restaient muets. Les événements, la durée du
temps, les lieux, tout se confondait pour lui

d'une manière incohérente et inexplicable.

— Où suis-je? demanda-t-il en langue allemande : est-ce à Paris ou à Lewardeen?

— Il se croit en Frise! s'écria le coiffeur-caporal, qui se piquait d'entendre cette langue, et qui traduisit aux personnes qui l'entouraient l'exclamation du vieillard.

— Quelque génie l'a enlevé de son lit et l'a jeté ici, comme le prince de Samarcande des *Mille et une Nuits*, avança un gros monsieur à besicles, qui avait des prétentions littéraires.

Le coiffeur, en sa qualité d'interprète, expliqua au vieillard qu'il se trouvait à Paris. L'étranger se recueillit quelques instants, et parut enfin comprendre; après quoi il s'informa du mois et de la date du jour. Quand on les lui eût appris, il fit un geste d'effroi et parut tout-à-fait reprendre l'usage de sa raison. Il témoigna une grande terreur en se voyant dépouillé de ses vêtements, et porta la main avec anxiété sur la cuirasse de flanelle dont nous avons déjà dit qu'il était uniquement vêtu. Un froissement de papier qui répondit à cet examen dissipa l'épouvante qu'il avait d'abord témoignée.

En ce moment, quelqu'un lui présenta un verre d'eau-de-vie; son premier mouvement fut de le porter avec vivacité à ses lèvres, mais il l'écarta doucement de la main.

— Plus de cela! dit-il, plus de cela! non!... Et cependant, combien ma tête est lourde!... Ah! je ne puis plus penser.

Il resta quelque temps encore dans en état

voisin de la stupidité. On le porta dans l'intérieur du corps-de-garde; on l'assit devant
le feu, et on lui servit à déjeûner, tandis qu'il
se revivifiait à la chaleur de l'immense poêle.
Alors, il put s'entretenir avec le caporal,
et même avec les curieux qui se pressaient
autour de lui, et qui s'amusaient beaucoup
dé son jargon, mélange de huit parties hétérogènes d'allemand, d'une de hollandais et
d'une de français. Sans raconter tout-à-fait la
vérité, il ne s'en éloigna pas trop, laissa entendre qu'on lui avait fait boire des liqueurs
falsifiées, et ajouta qu'on avait profité de son
ivresse pour le dépouiller.

— Où demeurez-vous? lui demanda quelqu'un.

A cette question bien simple, le vieillard
ne sut que répondre.

— Vous ne voulez pas indiquer votre demeure? Où donc comptez-vous envoyer chercher des vêtements? Qui vous réclamera au
poste?

— La maison de banque Pierrefitte et compagnie, répondit-il en décousant sa cuirasse
de flanelle, et en tirant, des plis de l'étoffe,
un papier. Voici une lettre de créance et de
pressante recommandation pour cette maison.

— La chose est d'autant plus facile à vérifier que le lieutenant du poste est M. Pierrefitte lui-même, répliqua le questionneur.

Le banquier prit la lettre, l'examina et dit :

— Cet homme a raison : La lettre est écrite
tout entière de la main de mon correspondant
de Lewardeen, M. Van-Gastel. C'est donc

moi qui le réclame et qui me charge de lui.

Dix minutes après, Baas Blum se trouvait convenablement vêtu et faisait, tête à tête, l'aveu au banquier, qu'arrivé ivre à Paris, il lui était impossible de se rappeler dans quel hôtel garni il était descendu.

— Cependant, ajouta-t-il, il avait le plus grand intérêt à retrouver cet hôtel, car il y avait laissé des objets importants et qui lui étaient confiés par son patron. Il se garda toutefois de parler de Marianne. Il comprenait trop combien il avait honteusement abusé, à son égard, de la confiance dont l'avait investi le bourgmestre.

— Une fois l'hôtel retrouvé, se disait-il, je retrouverai également la jeune fille; je la remettrai à la personne que m'a désignée le bourgmestre, et je repartirai pour la Frise.

Lorsqu'il eut descendu sa garde, M. Pierrefitte confia Blum à un de ses commis, et l'envoya à la préfecture de police pour y prendre
des renseignements.

Quelques heures après, le vieil Allemand
avait découvert son hôtel garni. On peut se
figurer sa consternation en apprenant le départ et la disparition de Marianne. Rien ne
pouvait le mettre sur les traces de la jeune
fille.

Peut-être, s'il eût confié ce triste secret au
banquier, eût-il appris le sort de la pauvre
enfant; mais il n'osa pas confesser une faute
si grave. Hébété par l'abus qu'il avait fait des
liqueurs fortes, cette intelligence étroite, et
qui n'avait jamais ni pensé, ni agi que sous
l'aiguillon énergique de la pensée du bourgmestre, tomba dans un stupide et couard

abattement; comme le chien qui a désobéi à son maître, l'instinct ne le poussait qu'à tendre le dos au châtiment mérité. Après deux jours de recherches ridicules et de démarches absurdes, il prit la résolution de repartir pour Lewardeen et d'aller tout confesser au bourgmestre.

Un mois s'était écoulé depuis son départ, quand il rentra dans la capitale de la Frise.

Depuis le jour de son réveil dans le corps-de-garde, la terreur de sa conscience ne lui avait point permis de porter à ses lèvres une seule goutte d'eau-de-vie. Il en advint que cette carcasse chétive, usée, abrutie, et qui ne retrouvait un peu d'existence factice qu'au moyen des violentes impulsions de l'alcool, était tombée dans un état d'anéantissement absolu. Son cerveau, faute de ces excitations

habituelles, restait vide de pensée. La peur
seule dominait encore cette nature affais-
sée : elle faillit le faire tomber, sans mouvement, sur le seuil de la maison, où le ramenait un instinct machinal et impérieux. Il
agita le marteau; on vint lui ouvrir, et il se
rendit, sans savoir ce qu'il faisait, dans le
cabinet du bourgmestre. Au moment où,
plus mort que vif, il allait frapper humblement à la porte, une main lui saisit le bras;
c'était Daniel.

— Marianne! En quels lieux as-tu emme-
née Marianne? Avoue tout ce que tu sais, ou
c'en est fait de toi, murmura-t-il.

Daniel parlait encore, que la porte du cabinet s'ouvrit. Pétrus apparut sur le seuil, le
visage bouleversé par la colère.

— Si tu révèles à d'autres qu'à moi le se-

cret que t'a confié mon père, malheur sur ta
tête! vieillard, s'écria l'aîné des deux frères.
Mon père m'a laissé, en partant, toute l'autorité de la maison.

— Oui, interrompit Daniel, oui, il m'a dépouillé pour jeter ma dépouille à un frère
servile et hypocrite.

Pétrus sourit dédaigneusement.

— Dès ce soir, vous quitterez cette maison
où je commande en maître, dit-il.

— J'ai hâte de la quitter et de me soustraire à votre odieuse présence, s'écria Daniel; mais je veux connaître le lieu où cet
homme a conduit et caché Marianne... Marianne qui m'aime! ricana-t-il en se tournant
vers Pétrus. Allons, parle, Blum, parle! Hâte-
toi, ma fiancée m'attend.

— Un mot de ta bouche te perdrait.

Blum tomba les deux genoux en terre :

— Écoutez-moi, mes jeunes maîtres, bégaya-t-il en joignant les mains ; écoutez-moi, par pitié ! L'heure du jugement dernier sonnerait et Dieu me demanderait en quels lieux se trouve cette jeune fille, qu'il ne me serait point possible de lui répondre. Oui, mes maîtres, mon salut, ma vie en dépendraient que je ne pourrais vous dire un secret que je ne sais point ; la volonté divine a disposé les choses de manière à vous séparer à jamais de cette créature indigne de votre intérêt.

Alors, sans dire un seul mensonge, mais grâce à quelques restrictions, il raconta que Marianne était sortie de l'hôtel garni, pendant l'absence de celui à qui l'avait confiée le bourgmestre. Il ajouta qu'elle n'avait point fait connaître l'asile où elle s'était retirée; que les démarches qu'il avait faites à ce sujet n'avaient pu aboutir à aucun resultat. En présentant ces révélations avec une perfidie et un art extrêmes, et sans que Marianne, si elle eût été là en personne, pût opposer à ses assertions un seul démenti, il sut rejeter tous les torts de l'abandon de la jeune fille sur elle-même. L'imminence du péril avait un instant galvanisé l'esprit paralytique du vieil Allemand.

Les deux frères se regardèrent en silence. Pétrus, après une courte hésitation, tendit la main à Daniel.

— Allons embrasser notre mère, dit-il.

Daniel se jeta, en pleurant, dans les bras de son frère.

— Le mépris nous aura bientôt guéris, reprit Pétrus. Ce fatal amour n'a déjà que trop jeté de malheurs et de fautes sur notre triste maison, Daniel. Des illusions funestes avaient troublé nos esprits. Ce vieillard n'oserait pas nous dire un mensonge, car il sait quel châtiment l'atteindrait s'il nous trompait. D'ailleurs, en cherchant à altérer la vérité, il ne le ferait que par l'ordre de notre père; nous connaissons trop bien la loyale inflexibilité du bourgmestre pour supposer qu'il puisse descendre à de si misérables moyens. Jamais ses lèvres n'ont proféré un mot que ne dictât point la vérité la plus rigoureuse... Cette Française ne mérite pas même nos regrets!

En parlant ainsi, ses doigts se fermaient, violemment contractés par la rage et leurs ongles labouraient la paume de ses mains.

Daniel pleurait sans pouvoir arrêter ses pleurs.

Les deux frères se rendirent près de madame Van-Gastel. En les voyant entrer, les bras enlacés, elle jeta un cri de joie.

— Mes enfants, dit-elle, mes enfants, Dieu a donc pris pitié de mes larmes?

— Oui, ma mère, répliqua Pétrus; Dieu vous ramène deux fils repentants, honteux du passé, et désabusés de leur aveugle et coupable tendresse. N'est-ce pas Daniel? n'est ce pas, mon frère?

— Je tâcherai de l'oublier! murmura Daniel d'une voix entrecoupée de sanglots.

— Et moi, je l'ai oubliée, affirma Pétrus,

dans les traits duquel éclatait déjà l'inflexibilité de son père. Je ne saurais aimer une femme que je méprise. Quand elle était là, mes sens troublaient ma raison et l'aveuglaient. Maintenant, les blessures de mon cœur sont presque tout-à-fait cicatrisées; un mot de Blum a suffi pour cela.

— Ne pensez plus à celle qui est venue apporter le trouble parmi nous, dit madame Van-Gastel. Elle nous a tous trompés; elle a payé, par l'ingratitude, la tendresse que nous lui avions vouée; oublions-la! Oublions un passé funeste!

Tandis que l'heureuse mère pressait dans ses bras ses fils réconciliés, le vieil Allemand s'était retiré dans sa chambre. Là, après avoir fermé la porte, au moyen du double tour de la serrure et de trois verroux, il ouvrit une armoire ménagée dans le mur et dont, avant son départ, il avait caché la clé sous son matelas. A la vue des bouteilles d'eau-de-vie que contenait ce placard, il fit entendre un grognement sourd, déboucha un des flacons et le vida à longs traits. Peu à peu son visage s'anima, ses yeux brillèrent, sa main tremblante prit de la fermeté. Il porta à ses lèvres une seconde bouteille. Alors, une stupide béatitude se révéla dans ses traits et dans son maintien; il tomba renversé sur son lit et il s'endormit jusqu'au lendemain, au point du jour.

Le point du jour, en Hollande, quand le brouillard n'a pas trop d'intensité, est voisin de sept heures du matin. Blum secoua ses vêtements, enferma les bouteilles vides, descendit à son bureau et y reprit sa place habituelle, comme s'il ne l'eût quittée que de la veille.

Daniel et son frère travaillaient l'un près de l'autre; chacun des commis s'étonnait des manières affectueuses de Pétrus pour Daniel. Daniel était pâle, défait, brisé; une vigoureuse animation empourprait les pommettes de Pétrus, et donnait à sa physionomie une expression de puissance et de force. Ce n'était point, du reste, les seuls événements inusités qui dussent causer de l'étonnement aux commis et aux familiers de la maison. Madame Van-Gastel ne put, dans la journée, résister au bonheur de venir regarder, par la fenêtre, ses deux fils, assis l'un près de l'autre. Or, jamais ce phénomène n'avait eu lieu depuis trente ans que les commis se trouvaient au service de la maison Van-Gastel.

Pendant la journée, quelque violente que soit une douleur, elle reçoit sans cesse et sans le soupçonner des consolations involontaires. Les yeux lui apportent des mouvements et des images ; l'oreille, des bruits et des paroles ; les sens, avec leur activité et leurs fonctions multipliées, détournent à leur profit une partie de l'activité du cerveau. Mais vienne la nuit et son obscurité, le silence, l'isolement rendent à la pensée toute son énergie et tout son pouvoir. Là, rien pour l'ouïe, rien pour la vue ! L'ame se recueille dans sa souffrance ; elle appuie sur chacune de ses blessures, elle en sonde la profondeur, elle en irrite la violence ; l'insomnie vient ajouter ses tortures physiques aux tortures morales. L'imagination, comme le souffle du vent sur un incendie, réveille, excite, embrâse et rend dévorante la douleur. C'est au milieu des ténèbres du jardin des Oliviers, que le Christ sentit la défaillance approcher de son cœur, et que, le front baigné d'eau et de sang, il demanda, à son père, que le calice d'amertume s'éloignât de ses lèvres.

Pendant la journée, Daniel n'avait point senti tout le désespoir dont le honteux dévergondage de Marianne déchirait son ame. Il éprouvait plutôt un engourdissement profond qu'une douleur aiguë. Le bonheur de sa mère, en voyant unies les mains de ses deux fils, si longtemps séparées par la haine et que joignait maintenant une loyale étreinte, le soulagement qu'il éprouvait lui-même de ne plus ressentir, contre son frère, des sentiments d'aversion, servirent encore à pallier la violence du coup qu'il recevait. Les scènes attendrissantes qui se succédèrent pour lui, le jetèrent dans une sorte de fièvre et ne lui laissèrent pas le temps de penser. Mais le soir, quand, brisé par tant d'émotions, il se trouva seul avec lui-même, le souvenir de Marianne se rejeta sur son ame avec la violence d'un torrent longtemps réprimé par un obstacle qu'il brise enfin. Alors, il vit avec horreur dans quelle fange était tombée l'idole devant la pureté idéale de laquelle il s'était si long-temps agenouillé avec extase. L'ange était un démon; la céleste jeune fille une misérable, un cœur flétri dès l'enfance! A qui se fier maintenant? Sur quelle ame oser re poser la sienne, si la dissolution prend ainsi les apparences de la candeur? N'est-ce point un avertissement divin de renoncer au monde et de réaliser un projet qui s'est souvent présenté à son ame? de se consacrer ex-clusivement au culte du seul qui ne se trompe point? d'entrer dans les ordres?... Marianne! Comment oublier son amour autrement que par l'amour du ciel? Oui, Dieu a voulu briser le seul lien qui attachait Daniel à la terre; il lui montre le néant des affections humaines pour l'appeler à lui sans obstacle. Marianne!

Marianne!.... Il n'y veut plus penser..... Un cloître peut seul l'arracher à ce souvenir plein de rage et de honte!... Un cloître! Non, c'est la vie militante qu'il lui faut! c'est le martyre! De nombreux prêtres catholiques trouvent dans les missions lointaines une mort glorieuse et sainte; à lui sa part de ces palmes chrétiennes! Élevé, on le sait, à l'école enthousiaste de l'évêque Sailer, initié aux extases mystiques de la sœur Emmerich, Daniel ne pouvait sentir que croître, avec plus de puissance dans son ame, la pensée que la perte de ses illusions sur Marianne venait d'y faire entrer. Peu à peu, ce qui n'avait été qu'un mouvement d'exaspération douloureuse devint un prodige sérieux, gravement discuté et qui prenait chaque jour plus de réalité. Que pouvait faire Daniel, à vingt-cinq ans, dans le monde qui venait de le tromper d'une façon si cruelle? A qui désormais se

fier, si Marianne était indigne d'estime ? A
cette déception en succéderait bientôt une autre; son existence se traînerait ainsi, de
chute en chute et de meurtrissure en meurtrissure! Chrétien, il ne peut mourir volon-
tairement; sa résolution lui offre un pieux
suicide; elle lui permet d'aller au-devant de
la mort et de la subir pour Dieu! Il n'y a plus
à hésiter!

Tandis que son frère désespérait ainsi de
la vie et se jetait violemment dans un parti
extrême, Pétrus se prenait, corps à corps,
avec la passion; il se livrait avec elle à une
lutte dans laquelle il était résolu à triompher.
Comme Épaminondas, il arrachait, sans tenir compte des douleurs causées par cette
cruelle opération, la flèche entrée profondément dans son ame. Il se redisait une à une
les inexplicables preuves d'impudence qu'a-

vait données Marianne; Marianne qui s'intro-
duisait, la nuit, dans la chambre de son frère;
Marianne qui, plutôt que d'accepter un asile
dans la maison respectable où l'envoyait son
père, échappait à la surveillance de Blum pour
mener, en liberté, une vie d'inconduite et de
honte. Il évoquait, dans son souvenir, les
moindres circonstances du séjour de la jeune
fille à Lewardeen, les examinait, les retour-
nait sous toutes leurs faces, les jugeait et les
condamnait sans pitié; car il voyait en elle
des preuves, nouvelles et accablantes, d'une
perversité précoce et profonde.

Le président d'Hénault prétendait qu'avec
quatre mots écrits, quelque insignifiants
qu'ils fussent, on pouvait établir la culpabilité d'un innocent. Pétrus faisait cet office à
l'égard de chaque parole, de chaque démarche, de chaque geste de Marianne; ses pré-

ventions leur donnaient une importance coupable. L'esprit positif, le caractère un peu étroit de Pétrus et l'intolérance naturelle du protestantisme secondaient merveilleusement cette besogne d'inquisiteur. Avec un sang-froid obstiné, avec une logique sans pitié, il se démontrait cruellement la folle duperie de son amour. Enfin, par un effort dans lequel se révélait l'obstination du sang paternel, il résolut, dès le lendemain, de s'occuper d'une autre femme, et de diriger toutes ses pensées vers une jeune fille douce et simple, que son père, avant l'arrivée de Marianne, avait témoigné souvent le désir de lui donner pour femme.

Séparé par la mort du père Anselme, son directeur spirituel, Daniel résolut d'aller consulter le vieux prêtre qui desservait, à Sneck, une chapelle catholique, et dont il avait fait

son confesseur. Huit ou dix jours s'écoulèrent avant qu'il pût mettre à exécution ce
projet. Un commencement de dégel était sur-
venu et avait détaché, les uns des autres,
les blocs de glace des canaux et des *mers*,
comme désignent leurs lacs les habitants de la Hollande méridionale. Le dégel ne permettait ni à une barque de navi-
guer, ni à des patins de glisser sur leur surface rompue. Quant aux routes, elles n'é-
taient qu'un amas de sable et de fange presque impraticable pour un cheval ou pour un
voyageur. Daniel ne vit point du reste, avec
regret, ces retards : ils lui donnaient le temps
de méditer sa résolution et de lire avec plus
de certitude dans son ame. Enfin, le vent du
nord vint tout-à-coup rendre au froid son
âpreté et aux canaux et aux lacs leurs cou-
ches de glace solides. Daniel sortit un matin,
au point du jour, s'arma de ses patins et

après une marche de trois heures, arriva à
Sneeck, dont le séparaient vingt milles. A sa
grande surprise le vieux prêtre avait reçu une
lettre pour son jeune coreligionaire.

A la vue de cette lettre, Daniel éprouva
une vive émotion; il reconnut, dès le premier coup-d'œil, l'écriture ferme et hardie de
la main inconnue, qui, deux fois, lui avait
donné des avertissements mystérieux : cette
lettre portait le timbre de la France et venait
de Paris. Qui donc avait pu révéler à ce correspondant inexplicable les relations de Daniel avec le vieux prêtre? Pétrus et sa mère
elle-même l'ignoraient.

Tandis que ces questions et ces doutes se
présentaient en foule à sa pensée, il déca-
chetait la lettre. Dès les premiers mots, une
sueur froide baigna son front... Ces pre-

miers mots faisaient allusion à la pensée qui
le préoccupait exclusivement depuis le retour
du vieux commis. Et pourtant, cette pensée,
il l'avait renfermée dans son ame; il n'en
avait point laissé transpirer les moindres in-
dices.

Voici ce que contenait la lettre :

« Daniel, renoncez à une résolution déses-
« pérée qui vous enchaînerait pour la vie et
« qui bientôt ne vous laisserait que du repen-
« tir et des remords. Quand on est injuste,
« comme vous l'êtes en ce moment pour une
« pauvre fille, il ne faut pas se fermer tout
« moyen de réparer sa faute. Daniel, Ma-
« rianne est innocente, et pourtant une force
« mystérieuse et insurmontable l'empêche de
« se justifier. Venez à elle, car elle souffre
« bien! Des périls de toute nature l'entou-

« rent et la menacent. Venez à Paris de suite
« et sans crainte. Marianne sera bientôt près
« de vous : elle vous attend. »

Cette fois, il ne fallait plus attribuer à un
ange ou à quelqu'esprit céleste, comme il l'a-
vait fait, pour les mots mystérieux tracés sur
le sable et sur la gelée de ses vitres, un message venu par la poste, portant le timbre
de Paris et taxé à un florin de port ! Néanmoins, ce correspondant inconnu lisait
dans sa pensée la plus intime et la plus cachée ; néanmoins le mystère, pour avoir revêtu une forme vulgaire, n'en tenait pas
moins du prodige !

Il prit congé du vieux prêtre, sans lui parler ni du contenu de cette lettre, ni des projets qui l'avaient amené à Sneeck.

Quelques jours s'écoulèrent encore en incertitudes, en rêveries, en combats avec lui-même. Il était plus malheureux qu'aux jours où il croyait, sans restriction, à la culpabilité de Marianne.

Une nouvelle lettre lui arriva encore, timbrée de Paris et tracée par la même main :

« Tandis que vous hésitez, Daniel, Ma-
« rianne souffre, Marianne va mourir.....
« Prenez pitié d'elle, Daniel! Venez, venez à
« Paris. »

Daniel résolut de montrer cette seconde lettre à Petrus et à sa mère. Pétrus haussa les épaules :

— C'est une nouvelle rouerie de la perverse créature, dit-il.

— Cette écriture ne ressemble en rien à celle de Marianne, objecta madame Van-Gastel.

— Est-il donc si difficile de trouver quelqu'un pour écrire une semblable lettre? reprit le négociant.

Alors Daniel confia à sa mère et à son frère le secret des deux avertissements mystérieux qu'il avait reçus autrefois; enfin, il leur lut la lettre arrivée à Sneeck, chez le prêtre.

— Le vieux jésuite s'entend avec la péronnelle, continua l'incrédule Pétrus. Mon frère aura laissé échapper quelques mots de ses projets devant ce vieillard que Marianne a su mettre dans ses intérêts.

— Mais elle ne l'a jamais vu!

— Vous le croyez, pauvre fou !

— Elle en ignorait jusqu'à l'existence.

— Alors expliquez-moi cette lettre. Sommes-nous encore au temps des miracles et des merveilles ? Faut-il croire aveuglément à des tours de passe-passe, moins étonnants, après tout, que ceux des prestidigitateurs que j'ai vus à Rotterdam et à La Haye ? Ces gens-là semblent avaler des boules énormes ; elles entrent dans leur bouche ; elles disparaissent aux regards, sans que les mains de l'escamoteur y touchent. Est-ce à dire pour cela qu'ils les avalent ? Non ! le bon sens se refuse à croire de pareilles billevesées. Marianne a su, je ne sais et je ne puis deviner comment, le nom du père Anselme ; elle a été, la nuit, dans votre chambre, où d'ailleurs mon père l'a surprise ; elle a déguisé son écriture pour

écrire, sur vos vitres, une phrase romanesque; ajoutez-y les combinaisons du hasard et
voilà tout le mystère, non pas expliqué,
mais dévoilé.

Devant une pareille analyse, le merveilleux
tombait, lambeau à lambeau, et Daniel ne
trouvait point une objection. Il ne mettait pas
en doute, comme son frère, la bonne foi du
vieux prêtre; pour le reste, il était forcé de
se l'avouer, Pétrus n'avait que trop raison.

Un mois s'écoula donc, pendant lequel Daniel s'efforça de ne plus penser à Marianne;
d'où il résultait précisément que cette pensée
l'entourait toujours de ses obsessions.

Pour les natures fortes et rudes, comme
Pétrus, lutter contre la passion, c'est quelquefois la vaincre et la briser sans retour.

Pour les natures tendres, comme Daniel, c'est s'affaiblir infailliblement, succomber sans cesse et arriver, de défaite en défaite, jusqu'à l'impossibilité de toute résistance.

Pétrus écrasait et étouffait, sous les pieds du mépris, les dernières ardeurs de son amour; Daniel les attisait par ses efforts incomplets.

VII.

A BATAVIA

Tandis que les événements qu'on vient de lire se passaient dans la famille du bourg-mestre, ce dernier naviguait vers Batavia, où l'appelaient les intérêts les plus graves et les plus périlleux. Enhardi par l'inaltérable

prospérité qui n'avait cessé de lui sourire
dans tout ce qu'il entreprenait depuis trente
années, menheyr Van-Gastel avait tenté, avec
audace, des spéculations immenses sur les
produits des possessions hollandaises dans
l'Inde. Longtemps secondé par un associé
habile qui habitait Batavia, il avait vu, tout-
à-coup, ses affaires changer de face après la
mort de cet associé. Un jeune homme sans
portée, sans persévérance, et infatué de son
propre mérite, avait succédé au défunt, et n'a-
vait point tardé à inspirer de graves inquiétudes au bourgmestre. Les bénéfices avaient
diminué, les produits n'étaient plus de bonne
qualité; les arrivages manquaient d'exactitude. La vieille réputation sans tache de la
maison Van-Gastel et compagnie avait eu plusieurs fois à souffrir des fautes de son nouveau représentant. Un tel état de choses ne
pouvait durer sans altérer le crédit du bourg-

mestre. Il fallait y remédier promptement, soit par la rupture de l'association ; soit par des moyens plus énergiques encore, s'ils devenaient nécessaires. Mettre à exécution un dessein de cette nature n'était pas chose facile. De grands capitaux se trouvaient engagés, de part et d'autre, et la liquidation, fût-elle acceptée et consentie à l'amiable, devait encore présenter des difficultés de tous genres. Menheyr Van-Gastel, justement alarmé, résolut donc de se rendre lui-même à Batavia, afin de voir, par ses propres yeux, la situation réelle de ses affaires dans les Indes hollandaises et de prendre une prompte et efficace résolution. Tels furent les motifs qui le déterminèrent à s'embarquer brusquement et à quitter Lewardeen, au milieu des agitations intestines des siens, et malgré les conséquences qu'elles pouvaient avoir pour ses fils. Le bourgmestre jugeait du cœur de ses en-

fants d'après le sien : il pensait qu'un amour
allumé entre les deux frères, par la présence
d'une jeune fille imprudemment introduite
dans le sein d'une famille, ne résisterait longtemps ni au mépris, ni surtout à l'absence.
Il comptait encore que les crises dont étaient
menacés leur fortune et leur nom, les dé-
tourneraient des sentiments romanesques
d'un amour insensé. En face des réalités impérieuses de la vie, se disait-il, les chagrins
de l'imagination s'effacent.

Après une traversée de deux mois, Menheyr Van-Gastel arriva enfin dans l'île de Java.

Les pressentiments qui l'avaient amené
n'étaient, hélas! que trop fondés. Peu de
temps avait suffi au nouvel associé du bourgmestre pour changer, en désordre et en

ruine, une prospérité de trente ans. Il avait
contracté des marchés insensés, pris des engagements impossibles à remplir et compromis la signature sociale pour des sommes considérables. Des larmes, de véritables larmes,
coulèrent des yeux de Van-Gastel, qui n'en
avait jamais versées, lorsqu'il constata cette
situation funeste à laquelle il devenait presque impossible de faire face. Néanmoins, le
premier découragement passé, il se releva et
résolut de lutter, avec énergie, contre l'ad-
versité. Sa nature rétive et énergique se rai-
dit, son orgueil s'indigna ; il se mit à l'œuvre,
décidé à sauver l'honneur de son nom, n'importe à quel prix. C'était là une tentative difficile, sinon impossible, et qui devait le retenir
longtemps à Batavia. Il écrivit donc à ses
fils, leur donna les instructions nécessaires
pour qu'ils le secondassent, et, trouvant dans
ses inquiétudes et dans ses chagrins un peu

de sensibilité, il adressa quelques lignes affectueuses à Daniel, pour l'engager à s'unir à
sa famille, afin de préserver de la ruine, et
peut-être de la honte, le nom qu'il portait.

Pour mener à bonne fin son entreprise
désespérée, le bourgmestre chercha à trouver
des auxiliaires parmi les personnes influentes
qui habitaient Batavia : il ne tarda point à
entrer en relation avec le consul français,
M. de San-Pietri.

M. de San-Piétri habitait le faubourg de
Molenvliet, éloigné de quatre kilomètres environ de l'ancienne ville ; l'ancienne ville
est entourée d'une ceinture de murailles,
construite en pierre, et qui n'a pas moins
de seize kilomètres de circuit. Les étrangers
se rendent, le jour, à Batavia, y font leurs affaires et reviennent, le soir, dans les fau-

bourgs; car on n'y passe pas impunément la nuit, même quand on est, depuis longtemps, aguerri à son climat meurtrier. Les lourdes et pestilentielles vapeurs qu'exhalent les canaux, jointes à celles que produisent les terrains d'où la mer s'est retirée depuis peu, y rendent l'air funeste, et engendrent des fièvres mortelles chez ceux qui habitent la ville, pendant la nuit. Rien, au contraire, n'est salubre comme les faubourgs du Riswick et du Molenvliet. On dirait que la contagion ne s'étend point au-delà des murailles de Batavia.

M. de San Piétri, auquel de pressantes lettres de recommandation adressaient le bourgmestre, lui fit l'accueil le plus empressé. Une sorte de sympathie ne tarda point à s'établir entre ces deux hommes. C'étaient de ces natures *imployables* dont parle Montaigne, *et qui ne souffrent point que les autres ploient sous leur propre vouloir;* tous les deux, d'ailleurs, pleins d'orgueil et d'honneur, résolus à de terribles extrémités, plutôt que de souffrir une tache à leur hermine, ou une résistance à leur volonté. M. de San-Piétri seconda, de son influence, le négociant hollandais, dans ses efforts pour rompre une association fatale et arracher les débris de sa fortune à l'imprudent qui les avait follement compromis. La lutte devait être longue, acharnée, difficile, périlleuse, peut-être; c'étaient des motifs de plus pour qu'ils préservassent et qu'ils poursuivissent avec plus d'ardeur leur but.

La comtesse Marguerite vivait, on ne l'a point sans doute oublié, dans une solitude profonde; souffrante, consumée par le chagrin, elle s'isolait le plus qu'elle le pouvait et se complaisait au milieu de ses souvenirs cruels et de son morne abattement. La jeune fille qu'elle avait recueillie près d'elle, Marianne, apportait, seule, un peu d'adoucissement aux douleurs de la pauvre mère. Celleci se plaisait parfois à la vêtir des étoffes qu'affectionnait Marianne : elle nouait et ajustait sa chevelure, comme, tant de fois, elle avait disposé celle de sa fille; elle lui enseignait certaines inflexions de voix et certains gestes qui lui produisaient une sorte d'illusion; mais bientôt elle retombait, de ces rêves décevants, dans une réalité plus amère... Marianna, hélas! n'était point Marianne! Cette vague ressemblance de quelques secondes ne servait ensuite qu'à rendre plus poignant le désespoir de la comtesse.

M. de San-Piétri approuvait non-seulement l'existence solitaire que recherchait sa femme, mais encore il semblait disposé à la lui imposer, si elle ne l'eût point adoptée de son propre mouvement. Jamais la comtesse ne sortait sans s'apercevoir qu'elle était suivie par les espions du consul. Plusieurs fois, les malheureux chez lesquels elle allait porter des aumônes et des consolations, lui apprirent qu'après son départ, on était venu leur adresser des questions insidieuses et presque exercer des perquisitions. Le comte redoutait qu'elle ne cherchât à écrire en Europe, sans qu'il eût pris communication du contenu des lettres. Il ne voulait pas que son déshonneur pût être révélé par une confidence indiscrète, ou par une allusion au passé. La seule idée qu'on pût soupçonner la faute de Marguerite, et l'insulte qu'elle lui avait faite, le jetaient dans une exaspération voisine de la démence.

Un matin, il entra chez sa femme et lui annonça qu'il comptait, à trois jours de là, recevoir, chez lui, menheyr Van-Gastel avec les principaux négociants de Batavia, et leur donner à dîner. Marguerite se mit aussitôt en devoir de tout faire disposer pour recevoir dignement les hôtes de son mari. Le jour arrivé, elle se para avec une recherche devenue, hélas! bien étrangère à ses habitudes, depuis son départ de la France.

Lorsqu'elle entra dans le salon, un murmure d'admiration salua son arrivée. Peu de convives connaissaient madame de San-Pietri; sa beauté ne pouvait manquer de produire sur eux l'impression profonde qu'ils exprimaient involontairement. Pâle et amaigrie par les souffrances, Marguerite semblait devoir le charme de sa personne à la mélancolie répandue sur ses traits purs et pleins de majesté. Le sourire qui entr'ouvrit ses lèvres lorsqu'elle salua, d'une voix douce et presque plaintive, les hôtes que lui amenait son mari, les émut, sans qu'ils pussent se rendre compte de leur émotion.

Le bourgmestre lui-même se sentit disposé à un sentiment sympathique en faveur de cette belle et touchante créature : il trouva pour elle des paroles bienveillantes, quoique tant de douleur, de résignation et de noblesse lui imposassent et lui fissent éprouver une timidité plus naturelle aux esprits hautains qu'on ne serait disposé à le croire. Habitué, d'ailleurs, à l'humble soumission de madame Van-Gastel, et à regarder les femmes comme des êtres subalternes, qui ne devaient point s'élever au-dessus des choses domestiques : chaque fois qu'un démenti venait déconcerter ce système, le bourgmestre se sentait mal à l'aise et subjugué.

Madame de San-Piétri fit les honneurs du

dîner avec une grâce exquise; elle déploya ce charme de manières et cette élégante affabilité qui ne se rencontrent guère que chez les Françaises. Elle sut trouver un mot agréable pour chacun des convives, devina instinctivement le moyen de leur complaire sans affectation, sans apparence de recherche, sans que l'étude se trahît dans les caressantes inflexions de sa voix. De temps à autre, cependant, Marianna, qui suivait du regard les moindres gestes de sa protectrice, voyait briller, sur son front, d'un blanc mat, quelque perle produite par la fatigue; parfois encore, une pâleur rapide passait et s'effaçait tout-à-coup sur les traits de la comtesse. C'était lorsque les regards du comte venaient à se porter sur sa femme. Le comte souffrait lui-même presque aussi cruellement que madame de San-Piétri. Son cœur se serrait de rage à la pensée que cette femme était à toujours perdue pour lui; qu'elle ne l'avait jamais aimé, qu'elle l'avait trompé, et que sa présence était pour elle un supplice odieux. Il sentait, en face de ces idées, sa haine s'envenimer et son besoin de vengeance se ranimer. Sa main ne portait que par un mouvement convulsif, les aliments à sa bouche; plusieurs fois, il approcha son verre de ses lèvres sans s'apercevoir que ce verre était vide. A force de volonté, il parvint néanmoins à se maîtriser et à conserver des apparences de sérénité aux regards des témoins de cette scène terrible, dont aucun ne soupçonnait le mystère. Peut-être portaient-ils envie au bonheur et à l'union des deux époux.

Enfin, on se leva de table; suivant les usages français, on passa dans le salon pour prendre le café. La conversation, d'abord générale, finit peu à peu par s'éparpiller. Divers groupes se formèrent et laissèrent le bourgmestre seul près du consul et de la comtesse.

— J'avais besoin de rencontrer des Françaises telles que vous pour m'aider à combattre mes préjugés contre votre nation, dit-il à madame de San-Piétri.

— Vous avez des préjugés contre la France? Cela est bien mal, menheyr Van-Gastel, reprit le comte en se levant pour aller rejoindre un de ses convives qui se trouvait seul. Tout à l'heure, je reviendrai vous gronder de cette injustice.

— J'ai donc affaire à un ennemi, monsieur le bourgmestre? demanda Marguerite en souriant.

— Vous, madame? Non pas, assurément.

Je me sens entraîné vers vous par un sentiment que je n'ai jamais éprouvé près d'aucune femme. Vous m'inspirez un respect et un dévouement d'autant plus inexplicables pour moi-même, que j'ai à peine l'honneur de vous connaître depuis quelques heures.

— Voici des paroles qui me touchent et qui me charment, répliqua la comtesse.

— Tenez, ne prenez point ce que je vous dis pour un compliment banal, pour des *paroles françaises*, comme nous disons en Frise.

— Eh bien! il faut me prouver cette affection, dont je suis heureuse et fière, en abjurant contre mes compatriotes des préjugés injustes.

— Injustes! non, madame, et je vais vous

en faire juge. Si vous me taxez encore d'injustice, après m'avoir entendu, je m'avouerai
coupable des torts dont vous m'accusez.

— Eh bien! soit, répliqua Marguerite, que
cette conversation banale fatiguait, mais que
ses devoirs de maîtresse de maison l'obli-
geaient cependant à soutenir. Voyons, menheyr, le tribunal entre en séance; l'audience
est ouverte, vous avez la parole.

— Tenez, dit-il, ne prenez point avec moi
ce ton de plaisanterie; ce que je vais vous
confier est grave; on ne saurait traiter un pareil sujet en riant.

— J'ai fait à Paris, l'année dernière, un
voyage avec ma femme, dit le bourgmestre :
les affaires importantes et les craintes vagues
que m'inspirait déjà mon nouvel associé de

Batavia, avaient nécessité ce voyage. Après quelques semaines de séjour à Paris, le hasard me fit rencontrer un des parents éloignés de madame Van-Gastel; un artiste qui, pendant un voyage en Frise, était tombé malade et avait reçu l'hospitalité chez moi. Il nous adressa de bienveillants reproches sur la né-gligence que nous avions mise à le visiter, et nous invita, le soir même, à dîner chez lui. Je voulais refuser cette invitation cavalière; ma femme insista pour que je l'acceptasse; j'eus la faiblesse de céder.

— Un de vos griefs consiste donc à repro-cher aux Français d'inviter trop sans façon leurs amis à dîner? objecta la comtesse en souriant.

— Vous me parlez trop en Française pour que je continue cette confidence, interrom-pit le bourgmestre en se levant.

Madame de San-Piétri posa sa main sur le bras de menheyr Van-Gastel.

— Vous m'achèverez votre histoire, dit-elle d'une voix, à la fois suppliante et pleine d'une charmante autorité. Pardonnez-moi une innocente plaisanterie. Hélas! c'est un péché que je ne commets guère, je vous l'assure... Et cet artiste, votre parent?..

— Anselme de Selvignies... Mais qu'avez-vous, au nom du ciel, madame, vous pâlissez? vous semblez pouvoir vous soutenir à peine!.. Voulez-vous que j'appelle vos femmes?...

— Ce n'est rien! se hâta-t-elle de dire; ce n'est rien. Je suis sujette à de pareils accès : ils s'effacent avec autant de rapidité qu'ils apparaissent. Tenez, voyez : me voici redevenue calme et bien portante. Votre parent, me disiez-vous, se nommait Anselme de Selvignies?

— Vous avez dû entendre parler quelque fois de lui; son talent lui avait acquis une grande célébrité.

— Oui, dit-elle d'une voix saccadée, oui, j'ai souvent entendu répéter ce nom... Et votre invitation à dîner? continua-t-elle en souriant : de quel sourire, mon Dieu!

— Anselme donnait un dîner et une fête, pour célébrer l'anniversaire de la naissance de sa fille. Je n'ose vous le dire, cet enfant dont il se proclamait le père, qu'il présentait sans pudeur à ses amis comme sa fille, personne ne connaissait sa mère... Elle était le fruit de l'inconduite et peut-être de l'adultère! En Frise, un homme, dans la situation équivoque d'Anselme, eût pris soin de cacher son secret à tous les yeux; en France, chacun trouvait la conduite du peintre toute naturelle; on ne songeait point à l'en blâmer. Je ne vous dirai rien de la soirée ridicule à laquelle j'assistai; des hommes âgés, des personnes de talent s'y livraient à des paroles ignobles et dont eût rougi le dernier des saltimbanques hollandais.... Le lendemain de cette soirée, on trouva, dans la plaine de Montfaucon, Anselme la poitrine percée d'une balle. L'opinion commune attribuait sa présence et sa mort, dans ces quartiers solitaires, à quelque intrigue nouvelle avec une femme. Des voleurs l'ont sans doute surpris la nuit et assassiné.

Marianna, effrayée de la pâleur de sa maîtresse, s'avança pour lui offrir ses services. La comtesse lui fit signe de ne point approcher.

Elle ranima ses forces expirantes et parvint à balbutier ces mots :

— Jamais on n'a découvert d'autres causes à la mort d'Anselme?

— Jamais. Après mille conjectures extravagantes, comme on en fait en France, on est revenu unanimement à l'opinion que je vous ai tout-à-l'heure exprimée et que je partage : un assassinat commis par des voleurs.

La comtesse jeta un regard rapide et désespéré autour d'elle. M. de San-Piétri se trouvait à l'autre extrémité du salon, fort occupé d'une partie d'échecs. Il tournait le dos au bourgmestre, et le bruit des conversations particulières devait incontestablement l'empêcher d'entendre l'entretien qu'elle avait avec ce dernier. Elle baissa néanmoins la voix, se pencha vers Van-Gastel, et laissa tomber ces paroles qu'il entendit à peine :

— Et la fille d'Anselme, qu'est-elle devenue?

— Orpheline, sans fortune, sans protecteur...

Une exclamation de désespoir sortit de la poitrine de la comtesse. Le bourgmestre, alarmé, s'interrompit. Elle lui fit, de la main, signe de continuer.

— Elle était ma parente éloignée; je vous l'ai déjà dit, personne ne voulait se charger d'une jeune fille habituée aux prodigalités du faste, et réduite tout-à-coup à la plus absolue misère. Je résolus de l'adopter.

La comtesse prit les mains du bourgmestre dans les siennes :

— Oh! voilà, dit-elle, une noble et généreuse conduite! Devenir le père d'une orpheline... Dieu vous bénira pour cette belle action!

— Vous allez juger de quelle façon j'en ai été récompensé. J'emmenai cette jeune fille chez moi; je lui donnai ma femme pour mère et mes fils pour frères. Le malheur entra, dès ce moment, dans ma maison. Une nuit, je trouvai mes deux fils se battant l'un contre l'autre, le couteau à la main, tandis que cette infame créature dormait paisiblement dans la chambre du plus jeune.

— Oh! cela n'est point vrai! cela n'est pas possible! murmura la comtesse mourante. Dites-moi que cela n'est point vrai!

— Je l'ai vue de mes yeux, madame; oui, je l'ai vue tranquille et sans trouble, en présence du père qui venait lui demander compte de la honte qu'elle avait apportée à une famille respectable. Elle m'a hautement avoué son honteux amour. Un peu de rougeur ne couvrait même pas son visage. Une heure après, elle niait tout avec une imperturbable impudence; elle niait tout, à moi qui l'avais surprise dans l'appartement de mon fils.

Marguerite, en apprenant, de la bouche de son mari, la mort d'Anselme, avait moins souffert qu'en ce moment. Elle sentait sa raison s'égarer; il lui semblait que son cœur se brisait dans sa poitrine.

— Voilà, madame, les tristes conséquences de l'immoralité de la vie artistique et de l'inconduite. Une femme oublie ses devoirs, donne la vie à une malheureuse créature et l'abandonne. L'enfant grandit au milieu des

mauvais exemples des subalternes auxquels
on l'a confié. Sans famille pour se diriger
dans la bonne voie, initié au secret de sa naissance, il est prédestiné au vice. Quelque coupable qu'il se montre, il l'est moins que sa
mère. C'est à la mère que Dieu demandera
compte des désordres de sa fille.

— Qu'est devenue cette malheureuse enfant? Qu'est-elle devenue, par pitié?

— Je l'ai chassée de chez moi, je l'ai ren-
voyée à Paris sous la garde d'un vieux serviteur dévoué, avec ordre de la remettre à un
ancien ami de son père, à un artiste français.

— Cet homme voudra-t-il recevoir chez lui
une jeune fille que vous lui renvoyez couverte de honte?

— Cet homme n'est point scrupuleux; d'ailleurs je n'ai point voulu écrire à M. Peyraicave pour ne pas lui apprendre l'indigne conduite de sa protégée. J'ai chargé mon commis de la lui remettre en disant que je ne pouvais plus la garder dans ma maison. Marianne aura trouvé, sans peine, les moyens de se justifier à mes dépens. Peu m'importe l'opinion que de pareilles gens professent sur moi.

— Et votre fils, ce fils pour lequel la malheureuse enfant s'est perdue, il l'a laissé chasser de chez vous, sans la défendre? sans la protéger? sans la suivre?

— Ainsi qu'à son frère, je lui ai laissé ignorer en quels lieux j'avais envoyé sa maîtresse. Maintenant, sans doute, il sait qu'elle est en France; mais j'espère que le temps, la con-

viction et le mépris que mérite cette femme,
l'auront guéri de son amour insensé.

En ce moment, le comte terminait sa partie d'échecs ; il avait perdu ; il s'approcha de madame de San-Piétri avec les dispositions hostiles qu'un désappointement au jeu fait éprouver aux caractères irritables. Marguerite saisit vivement la main du bourgmestre :

— Pas un mot de ceci au comte ! dit-elle d'une voix basse et rapide.

Au même instant, avec une promptitude merveilleuse, elle improvisa un nouveau sujet de conversation et qui semblait commencé déjà depuis longtemps.

— Vous êtes bien pâle ? madame ! remarqua M. de San-Piétri en s'approchant de la comtesse : si vous vous sentez souffrante, nos hôtes vous permettront de vous retirer dans votre appartement, n'est-ce pas, menheyr?

Le négociant hollandais répondit par un signe d'assentiment.

— Non, interrompit-elle avec un sentiment de terreur mal déguisé; non! La solitude, en ce moment, me rendrait plus malade encore. J'ai besoin, autour de moi, de mouvement et de distraction.

— Vous paraissez dans une agitation nerveuse qui ne vous est point ordinaire?

— Peut-être, répliqua-t-elle : un peu de marche me soulagera, je l'espère. Monsieur le bourgmestre, voulez-vous me donner votre bras. Venez, nous visiterons mes serres; elles renferment des fleurs de grande beauté. En votre qualité de Hollandais, vous les aimez passionnément, n'est-ce pas?

Le comte jeta, sur madame de San-Piétri, un regard soupçonneux. Son sourcil épais et noir se fronça; il hésita un moment à suivre le consul d'Angleterre, qui le provoquait à une nouvelle partie d'échecs. Marguerite avait lu dans les yeux de son mari; elle feignit de se trouver trop faible pour faire la promenade qu'elle venait de proposer au bourgmestre. Menheyr Van-Gastel s'éloigna et alla visiter, seul, les serres que la comtesse lui avait vantées. M. de San-Piétri, qui épiait de l'œil les moindres mouvements de sa femme, finit par se rassurer en la voyant seule, et accorda peu à peu une attention sérieuse aux combinaisons des échecs. Marguerite se glissa furtivement dans la serre.

— Monsieur, dit-elle, en posant avec rapidité sa main sur le bras du bourgmestre, monsieur, je vous le demande encore, pas un mot à M. de San-Piétri de l'histoire que vous venez de me dire.

Menheyr Van-Gastel la regarda avec surprise.

— Pas un mot, je vous en supplie, insista-t-elle.

— Je me conformerai à vos ordres, madame, dit-il en s'inclinant.

— Merci, répondit-elle, merci! Voyez-vous, j'ai adopté une orpheline aussi, moi. Elle se nomme Marianna; vous l'avez vue près de moi tout-à-l'heure. Votre récit pourrait indisposer, contre cette adoption, mon mari, qui ne l'a permise qu'avec regret. Il craignait que je ne fisse, comme vous, une ingrate.

— Dieu vous préserve des chagrins que j'ai éprouvés, madame!

La comtesse salua de la main le bourgmestre et se retira dans son appartement; là, elle tomba les genoux en terre, et leva les bras au ciel avec désespoir.

— Mon Dieu! dit-elle, mon Dieu, ne prendrez-vous pas enfin pitié de moi? N'ai-je donc point assez moi-même expié ma faute pour que vous me frappiez dans ma fille? La voici perdue, déshonorée, abandonnée par son séducteur! La voici repoussée peut-être par tous les amis de son père, sans pain, sans asile. Oh! cela est affreux! cela est affreux!

Et je ne suis pas là pour lui tendre la main, pour pleurer avec elle, pour lui rendre l'espoir et la force! J'habite un autre monde; des mers immenses nous séparent. Tandis que je suis ici à me désespérer, peut-être meurt-elle de faim en maudissant sa mère, qui l'a vouée, dès sa naissance, à l'abandon et à la misère!

La porte de Marguerite s'ouvrit et lui montra le visage sévère du comte.

— Vous nous avez quittés bien brusquement, madame, dit-il, en cherchant à plonger, jusqu'au fond de la pensée de la comtesse, ses regards inquisiteurs. Pourquoi ces larmes? Pourquoi ces prières?

— Puisque je dois rendre compte de mes larmes et de mes prières, répondit-elle, ap-

prenez donc que ce monde à recevoir et que
ces conversations à soutenir, m'ont fatiguée
et m'ont jetée dans une crise nerveuse.

Il la regarda avec une expression de défiance
et de doute.

— Vous mentez ! interrompit-il. Le bourgmestre vous a parlé de la France... J'ai entendu
sortir de ses lèvres un nom odieux et sanglant... Que vous disait-il de cet homme ? Que
lui avez-vous répondu ? Songez-y bien, madame, vous ne m'avez laissé, pour tout honneur, que l'ignorance de votre faute où se
trouve le monde. Gardez précieusement mon
secret. Le jour où il ne serait plus un mystère entre vous seule et moi, ma vengeance
deviendrait terrible... J'ai interrogé ce lourd
Hollandais ; il a pris des airs d'importance et
de réserve pour me répondre. Que vous a-t-il

dit? que vous a-t-il dit? Mais répondez donc, madame...

— Il m'a parlé de la mort d'un infortuné, monsieur.

— Vous avez donc pâli? Vous avec donc tremblé devant cet homme pour qu'il ait répliqué évasivement à mes questions adressées avec une fausse indifférence? Vous lui avez donc laissé voir l'intérêt que vous preniez à ce nom, dont la pensée fait bouillonner mon sang de rage? Malheur sur vous! D'ailleurs vous me bravez sans cesse et avec impudeur. Vous gardez religieusement, en ma présence, le souvenir de votre amant! Ce portrait de vous, qu'il avait peint, vous l'entourez d'amour et de regrets, comme une précieuse relique! Le voici encore entre vos mains! Donnez-le moi; il est signé d'un nom odieux.

Les souvenirs de votre cœur sont trop vifs
pour que vous en ayez besoin d'autres. Ce
portrait! Je veux ce portrait, que j'ai ramassé
sur son cadavre sanglant.

Elle se releva par un mouvement plein de
dignité et lui présenta la miniature encore
fixée à une partie du portefeuille dont le
comte l'avait arrachée, après son duel avec
Anselme.

— Vous me bravez, madame! s'écria-t-il
indigné contre lui-même des persécutions
sous lesquelles il accablait une femme sans
défense.

Elle leva tristement les yeux sur lui.

— Ah! reprit-il en tordant dans ses mains
les débris du portefeuille, vous ne saurez ja-

mais le désespoir et les tourments dont votre faute a empoisonné ma vie! J'aurais dû vous tuer, comme lui! Mieux vaudrait être meurtrier que bourreau! Vous m'avez rendu infame à mes propres yeux!

Il jeta aux pieds de la comtesse les débris du portefeuille et du portrait que ses étreintes avaient brisés, puis il sortit en pleurant de rage.

La comtesse, quand son mari se fut éloigné, ramassa les précieuses reliques et les porta à ses lèvres.

Des papiers s'échappèrent de ces lambeaux.

Renfermés dans une poche secrète dont la violence du comte venait, à son insu, de rompre le ressort, ces papiers tombèrent aux pieds de Marguerite. Elle les ramassa : c'étaient quatre lettres de change de cinquante mille francs chacune. Créées par un des plus riches banquiers de Paris, et à dix jours de présentation, elles portaient la date du 12 février, du jour qui avait précédé la mort d'Anselme.

Sans doute ce dernier comptait en faire usage immédiatement; car il avait signé, au dos, les lettres de change, comme on le fait quand on veut transmettre à un tiers des valeurs commerciales.

Marguerite fit l'examen de ces papiers, rapidement et avec une lucidité merveilleuse : elle ressentait des joies indicibles. C'était un miracle du ciel, une consolation obtenue sans doute de Dieu par les prières d'Anselme! Marianne allait être arrachée à la misère! Marianne n'avait plus à mendier le pain d'une pitié froide et cruelle... Et puis, quand le bourgmestre la saura riche, peut-être ne dédaignera-t-il plus la jeune fille qu'il a chassée de sa maison!... Mais comment apprendra-t-il ce changement de fortune! Mon Dieu! ne laissez pas inachevé le miracle que vous venez d'opérer! Mon Dieu! inspirez une pauvre mère à qui vous rendez l'existence! Mille projets se croisent dans sa tête... Oh! donnez-lui du calme et de la force!

Elle plaça les lettres de change dans son sein.

Bientôt elle ne les trouva plus assez sûrement cachées; elle résolut de les coudre dans ses vêtements. Un avare n'éprouve pas plus d'angoisses et d'inquiétudes pour son trésor. Sans cesse, elle portait la main sur les précieux papiers, pour s'assurer qu'ils étaient là, qu'elle ne les avait point perdus, qu'elle les possédait toujours! Marianna, lorsqu'elle entra chez sa bienfaitrice, craignit un instant que le malheur n'eût troublé la raison de la comtesse. Celle-ci la prit dans ses bras et la couvrit de baisers et de caresses. Elle riait, elle pleurait à la fois; elle pressait contre ses lèvres les restes mutilés de ce portrait, naguère encore son unique consolation.

— Ne me regarde pas avec inquiétude, dit Marguerite à la jeune fille; je possède toute ma raison. Dieu a pris pitié de moi; je suis heureuse... Heureuse! interrompit-elle tout-à-coup, heureuse?... Peut-être, hélas, l'orpheline meurt-elle de faim en ce moment? Peut-être les secours qui doivent la sauver arriveront-ils trop tard!

La comtesse passa toute la nuit en proie au délire et à une fièvre violente. Le retour de la lumière ne la rendit point à un état moins agité, et huit jours se passèrent, durant lesquels la malade n'éprouva aucune amélioration. La présence de M. de San-Piétri redoublait les accès de Marguerite. Il venait, néanmoins, souvent la visiter; il écoutait en silence les paroles sans suite qui s'échappaient des lèvres brûlantes de Marguerite, et semblait y chercher un sens mystérieux. Elle répétait sans cesse le nom de Marianne avec des expressions d'amour et de désespoir; elle l'unissait à celui d'Anselme. Le comte se demandait avec anxiété quels rapports pouvaient exister, pour la malade, entre la pensée de la jeune Hollandaise, née à Batavia, et le souvenir sanglant de l'artiste. Il interrogea plusieurs fois l'orpheline adoptée par sa femme; Marianna répondit avec tant de candeur, qu'il resta convaincu de l'ignorance absolue des tristes secrets dans laquelle madame de San-Piétri avait laissé sa protégée.

Peu à peu, grâce à la sollicitude de Marianna, les périls de la maladie s'éloignèrent de la comtesse; elle devint plus calme et retomba dans sa langueur habituelle. Dès les premiers jours de sa convalescence, elle ne tarda point à s'apercevoir qu'elle était devenue, de la part de M. de San-Piétri, l'objet d'une surveillance plus inquiète et plus tyrannique. Il témoignait en outre, pour Marianna, une aversion qui n'attendait qu'un motif plausible d'éclater. Marguerite, en apparence du moins, ne sembla point remarquer ces nouvelles menaces de persécution. Un sentiment d'exaltation secrète la soutenait, et elle consacrait à la prière presque toutes les heures de la journée.

Un matin, le bruit des pas d'un cheval attira machinalement son attention; elle s'approcha de la fenêtre et reconnut le bourgmestre.

A la vue du Hollandais, une légère rougeur anima son visage. Le négociant mit pied
à terre et salua le consul français qui était
venu au-devant de lui : il lui annonça qu'il
partait, le soir même, pour la Hollande.

— J'ai reçu des lettres qui me rappellent
près de ma famille, continua-t-il en entrant
dans le cabinet de M. de San-Piétri; je
compte laisser aux soins de votre amitié ce
qu'il me reste à terminer de la déplorable liquidation qui m'a amené à Batavia. J'ai maintenant acquis la certitude que tout est perdu.
Il était temps que j'arrivasse pour mettre un
terme à une gestion insensée. Ruiné ici, bientôt

la fortune que je possède en Europe n'aurait plus suffi à payer les dettes contractées par mon associé, au nom de notre maison de commerce.

— Monsieur, interrompit le comte, je m'estimerais heureux de pouvoir vous rendre le service que vous réclamez de moi; je me vois néanmoins, à regret, dans l'impossibilité de le faire. Un bâtiment, arrivé de France, ce matin, était chargé pour moi d'ordres qui m'obligent à quitter bientôt cette ville et à retourner en France. Le ministère est changé : le nouveau cabinet marche, pour les relations extérieures, dans des idées tout-à-fait contraires à celles qui dirigeaient ses prédécesseurs. Il faut donc que je rétracte aujourd'hui ce que je demandais hier au nom de mon gouvernement, et que je fasse amende honorable aux yeux de toute l'Europe. Une telle position n'est point tenable pour un homme d'honneur. Les instructions du nouveau ministère sont d'ailleurs contraires à mes convictions, et je suis résolu à quitter mon poste plutôt que de jouer un rôle humiliant.

— Ce sont des sentiments que j'admire trop pour les combattre, répartit le bourgmestre. Jamais de transaction avec la conscience ! Votre démission vous honorera autant que vingt-cinq années d'une administration dans laquelle vous avez fait preuve d'une intelligence et d'une habileté supérieures. Votre départ apprendra à l'Europe, et surtout à la France, quel homme perd la colonie de Batavia. Adieu, monsieur le comte; j'étais d'abord venu à vous, parce que je ne connaissais personne d'une plus sévère loyauté et qui joignît, à un noble caractère, une habileté sans rivale dans les affaires. Je vais m'adresser au consul des Pays-Bas pour le prier de conclure ma liquidation.

Marguerite n'avait entendu que les premiers mots du bourgmestre : Marianna l'avait vue aussitôt tressaillir et se redresser, comme si quelque commotion puissante l'eût ranimée et rendue tout-à-coup à l'énergie de la santé. Elle s'habilla à la hâte, écrivit quelques lignes, plaça les lettres de change dans son sein, épia avec anxiété le moment où le Hollandais sortirait du cabinet du consul, et se précipita au-devant de lui, dans le vestibule.

Lorsqu'elle entendit la porte s'ouvrir, elle feignit alors de se trouver, par hasard, face à face avec menheyr Van-Gastel.

Celui-ci s'empressa d'aller à la comtesse,

lui annonça son départ, et lui demanda ses ordres pour l'Europe.

— J'ai quelques commissions à requérir de votre courtoisie, dit-elle en remettant au bourgmestre un papier plié et qui ne contenait que des notes d'achats insignifiants. En même temps, elle porta la main à son sein et elle jeta un regard sur son mari.

— Je suis curieux de connaître quels produits de la Hollande désire madame la comtesse, dit M. de San-Piétri, en déployant le papier que menheyr Van-Gastel s'apprêtait à placer intact dans son portefeuille.

Il tint longtemps les yeux fixés sur les notes de Marguerite, les examina scrupuleusement dans tous les sens et les rendit au bourgmestre en souriant.

Marguerite laissa retomber la main qu'elle avait portée à sa poitrine, rentra chez elle et se jeta avec désespoir sur un lit de repos.

Marianna vint s'agenouiller près d'elle.

— Madame, lui dit-elle, vous avez des papiers à remettre au bourgmestre ; confiez-les moi, il les recevra avant son départ.

La comtesse regarda l'orpheline avec attendrissement.

— Oui, Marianna, lui dit-elle en tirant de son sein le paquet cacheté qui contenait les lettres de change. Tout-à-l'heure, j'ai risqué mon honneur et ma vie pour donner ceci à menheyr Van-Gastel... Je suis bien malheureuse, n'est-ce pas ?... Si M. le comte s'emparait de cette lettre, s'il en lisait le contenu, mon malheur deviendrait cent fois plus funeste encore; je livrerais une second victime à la vengeance implacable qui me frappe.

Marianna, le regard plein de résolution, prit le papier des mains de sa bienfaitrice.

— Le bâtiment hollandais mettra à la voile ce soir, dit-elle; au moment où il quittera le port, menheyr Van-Gastel aura reçu votre message. Béni soit Dieu qui m'a fait naître pauvre et parmi les enfants du peuple! La rude éducation que j'ai reçue m'a douée d'audace et de résolution. Votre lettre, ma bonne maîtresse, donnez-moi votre lettre!

— Malheureuse enfant! c'est t'exposer à la colère du comte.

— Eh bien! interrompit-elle fièrement, il

me chassera ou il me tuera ; autant vaut l'un
que l'autre. Me séparer de vous, madame !...
je préférerais la mort. Mais qu'importe, puis-
qu'il s'agit d'adoucir vos souffrances, dont
je suis témoin, depuis le jour où vous m'a-
vez recueillie, quand j'étais abandonnée de
tous.

— Songe que deux milles séparent du port
notre habitation. Une jeune fille comme toi,
et que l'on sait m'appartenir, ne peut se montrer à Batavia sans attirer sur elle les regards
et sans exciter la curiosité.

— Ma bonne maîtresse, laissez-moi faire !
une voix secrète me dit que je réussirai.

— Va donc, et que Dieu veille sur toi ! dit
la comtesse en embrassant la jeune fille. Je
remets, entre tes mains, plus que ma vie.

Marianna cacha la lettre dans ses vêtements et alla s'asseoir près d'une fenêtre qui donnait sur la cour, presqu'en face de la porte du cabinet où se tenait le consul. Tout-à-coup, elle ouvrit doucement cette fenêtre, jeta autour d'elle un regard rapide, sauta dans la cour avec une légèreté d'abeille, se glissa sous la croisée de M. de San-Piétri et s'élança dans la rue, en envoyant un signe d'espoir et d'adieu à sa maîtresse, qui suivait, pleine d'anxiété, l'entreprise audacieuse de Marianna.

Celle-ci, une fois hors de l'hôtel du comte, se mit à marcher rapidement, mais sans affectation; elle se dirigea vers une maison du faubourg, habitée par une vieille femme qui faisait commerce de vendre des vêtements aux matelots.

— Bonjour à la mère Netchen, dit Marianna.

La vieille femme leva sur la jeune fille ses yeux armés de lunettes.

— Vous ici, mademoiselle? s'écria-t-elle; qui me vaut l'honneur de votre visite? Hélas! depuis que je n'ai plus besoin de vos consolations et des bienfaits de madame la comtesse, vous n'avez point mis les pieds chez la pauvre Netchen!

— Eh bien! Netchen, me voici; et je viens vous demander un service à mon tour.

— Demandez-moi tout ce que vous voudrez; il s'agirait de ma vieille vie, que je la donnerais avec joie pour celle qui m'a arrachée à la misère et à la maladie.

— Oh! dit Marianna en riant, je ne vous demanderai pas tant de choses. Il s'agit tout

bonnement d'une fantaisie de jeune fille. Autrefois, quand j'habitais la ville, je voyais,
chaque jour, des bâtiments qui mettaient à
la voile. C'était un des plus grands plaisirs de
mon enfance. Eh bien! j'ai résolu de me donner encore aujourd'hui cette satisfaction.
Voilà de l'enfantillage, n'est-ce pas? Mais
vous le savez, à mon âge, on est fantasque et
capricieuse.

La vieille femme hocha la tête en riant.

— Toujours la même, Marianna, toujours
la même qu'au temps de votre enfance, où,
malgré les ordres de votre mère, vous pas-
siez vos journées à baigner vos pieds nus au
bord de la mer.

— Vous allez me donner des habits de matelot; vous attellerez votre petite charrette;

vous m'y placerez à côté de vous; nous nous mettrons en route et nous descendrons dans un des cabarets qui avoisinent le port. Le bâtiment hollandais qui part aujourd'hui mettra à la voile, ce soir; personne ne nous verra dans la foule, et nous reviendrons au faubourg sans qu'on nous ait remarquées.

La vieille femme ne comprenait pas comment Marianna choisissait précisément la nuit pour se donner le spectacle d'un bâtiment en partance; mais elle aimait la jeune fille, elle avait reçu, par son entremise, les bienfaits de la comtesse, et Marianna venait de lui glisser dans la main un beau guillaume d'or. Elle obéit en silence et avec empressement. Bientôt, Marianne, vêtue en matelot, et la tête abritée sous un large chapeau de paille, se mettait en route pour Batavia.

La petite charrette s'arrêta tout près de

l'endroit où se tenait en rade le vaisseau prêt
à mettre à la voile. Marianna, dès que l'obscurité enveloppa le port de ses ombres, vint
s'asseoir au pied de l'estacade, parmi d'autres
personnes que la curiosité ou le désir de
faire leurs adieux aux matelots y avaient ras-
semblées.

Elle ne tarda point à entendre au loin la
voix du bourgmestre.

Elle se leva au moment où il passait devant elle, s'élança, lui remit la lettre de la
comtesse, se rejeta dans la foule, et alla
rejoindre Netchen, qui, suivant ses instructions, tenait la petite charette attelée et prête
à partir.

Tandis qu'elles s'éloignaient de toute la vitesse du petit cheval, le bourgmestre, auquel plusieurs personnes étaient venues apporter des lettres pour l'Europe, plaça parmi les autres missives le paquet remis par Marianna, et les déposa pêle-mêle dans un boîte qu'il ferma à double tour et qu'il voulut placer lui-même dans l'armoire de sa cabine.

Il était encore occupé de ce soin, lorsqu'on leva l'ancre, et que les cris des matelots donnèrent le signal du départ.

Quand Marianna se trouva de retour au faubourg du Molenvliet, la nuit était profonde et noire; les portes de l'hôtel de M. de San-Pietri devaient se trouver fermées depuis longtemps, et elle se demanda comment elle parviendrait à rentrer près de sa maîtresse. Elle se dirigea à tout hasard vers la maison du comte.

M. de San-Piétri s'était montré calme et
fort en présence du bourgmestre; mais c'é-
tait avec une indignation profonde qu'il avait,
à la fois, reçu la nouvelle d'un changement
de ministère en France et le programme des
intentions du nouveau cabinet à l'égard des
colonies hollandaises; ce programme mettait
le comte en opposition flagrante avec lui-
même, et détruisait tout ce qu'il avait fait
d'utile à Batavia, depuis vingt ans. Il n'y
avait point à opter, entre la honte d'une
lâche palinodie ou la résolution extrême d'une
démission.

Cette démission devait amener, pour la
fortune du consul, des conséquences graves.
Il avait engagé aux colonies, dans des entre-
prises d'un succès certain, mais d'une marche
lente, une grande partie de ce qu'il possédait.
Retourner en Europe, c'était tout compro-

mettre ; cependant il ne pouvait quitter ces fonctions sans aller donner à Paris, par sa présence, un démenti formel aux accusations perfides que ses ennemis ne manqueraient pas de porter contre lui, surtout s'il n'était pas là pour se défendre. Cet événement le frappait donc dans son ambition et dans sa fortune.

Tandis qu'après le départ de Van-Gastel il relisait encore une fois les dépêches du ministère et qu'il en calculait, avec une rage profonde, les fatales conséquences, il leva les yeux et vit avec surprise Marianna qui sautait par la fenêtre et qui s'échappait dans la campagne. Son premier mouvement fut de s'élancer à la poursuite de la jeune fille. Quand il arriva sur le seuil, elle avait déjà disparu et il était impossible de l'atteindre. Le comte regarda aux fenêtres de la comtesse : Marguerite, pâle et les mains jointes, priait avec ferveur, le front appuyé contre une des vitres. M. de San-Piétri rentra dans son cabinet. Il y eut un moment où il saisit un pistolet, en se demandant si la mort n'était point préférable à l'existence qu'il menait ?

— Elle me trompe encore! se dit-il. Je marche au milieu des perfidies domestiques. J'en suis réduit au rôle d'un tuteur ridicule qu'on joue et qu'on bafoue avec impudence. Mes domestiques sont sans doute, avec cette Marianna, les complice de ma femme, pour se jouer de moi! Oh! je me vengerai! je me vengerai!

Tout le reste de la journée, il attendit le retour de Marianna. Ce fut seulement bien avant dans la nuit qu'il entendit frapper doucement, avec une longue baguette, à la fenêtre de la comtesse : cette fenêtre s'ouvrit sans bruit.

Il courut aussitôt dans l'appartement de madame de San-Piétri. Marianna, avec la légèreté et la prestesse de son âge, venait d'escalader la croisée : un châle, noué au balcon par Marguerite, lui avait servi à se hisser. Quand le comte apparut, Marianna n'avait point encore achevé de détacher le châle.

Il y eut un moment de silence terrible entre ces trois personnes.

Le consul fit signe à Marianna de s'éloigner et de passer dans une pièce voisine dont il ferma la porte avec violence. Puis, se tournant vers la comtesse éperdue :

— Il vous manquait de me réduire à l'infâme métier d'espion, dit-il. Soyez satisfaite, madame. Que signifie cette scène à la fois ridicule et honteuse? Depuis quand une femme qui possède quelque conscience de sa dignité fait-elle sortir de son appartement, par la fenêtre, une jeune fille sur laquelle elle devrait sévèrement veiller? Voulez-vous livrer mon nom, en risée, à toute la ville de Batavia? Si vous ne redoutez point l'éclat du scandale pour vous, pensez-vous que moi j'aie bu toute honte? Parlez : d'où vient cette jeune fille? Où l'avez-vous envoyée?

La comtesse tenait son visage caché dans ses mains et pleurait. Ni menaces, ni violences ne purent lui arracher une parole. Il y eut un moment où elle entendit craquer la batterie d'un pistolet que la main du comte armait. Alors elle leva la tête avec joie :

— Frappez, dit-elle, frappez! tuez-moi! et que Dieu mette un terme à mes misères!

M. de San-Piétri jeta l'arme loin de lui, entra dans la chambre où l'attendait Marianna et lui ordonna de le suivre dans son cabinet.

La jeune fille obéit en silence.

— D'où venez-vous? lui demanda-t-il rudement.

— D'exécuter les ordres de ma bienfaitrice, dit-elle avec calme.

— Quels étaient ces ordres?

— Si madame la comtesse n'a point jugé à propos d'en faire part à Monsieur le comte, il me messiérait de parler.

— Vous le prenez sur ce ton, mademoiselle? C'est bien; demain vous sortirez de ma maison; je vous laisserai retomber dans la misère et dans la fange dont ma charité avait daigné vous tirer.

Une larme coula sur les joues de Marianna.

— Monsieur le comte, dit-elle, j'obéirai.

Il se leva par un mouvement plein de violence.

— Il faut parler, il faut que je sache la vérité. Vivante ou morte, je veux le secret de la comtesse! s'écria-t-il.

Marianna recula épouvantée et tomba sans conaissance aux pieds de M. de San-Piétri, en portant la main à sa poitrine par un geste instinctif. Le comte se jeta sur Marianna et la fouilla brutalement.

Quelques journaux français étaient cachés dans le corsage de la jeune fille.

Il jeta des regards éperdus sur ces journaux ; tous portaient une date récente, et ne renfermaient rien de nature à intéresser particulièrement la comtesse.

Marianna ne tarda point à sortir de son évanouissement. A la vue des journaux que tenait le comte, elle témoigna le plus vif chagrin.

— Ces journaux ! ces journaux ! Rendez-les-moi, dit-elle ; que je puisse les remettre à ma maîtresse. Vous la laissez impitoyablement sans nouvelles de France ; madame la com-

tesse succombe aux atteintes du mal du pays.
C'est pour lui procurer ces papiers que j'ai
bravé votre colère et que j'ai mérité votre indignation. Puisque vous me chassez, au moins
que mon dévouement serve encore une fois à
consoler celle à qui je dois tant!

— Qui vous a donné ces journaux?

— Un matelot du port à qui je les ai ache-
tés. Vous savez que c'est un genre de commerce que font les marins qui arrivent d'Europe?

— Où avez-vous vu le marin?

— Chez un cabaretier du port.

— Et vous êtes allée seule à Batavia, vous
êtes entrée seule dans un cabaret?

— La vieille Netchen m'accompagnait. Ne suis-je pas, d'ailleurs, une enfant de Batavia? Chacun ne m'y connaît-il pas? Qui oserait m'insulter trouverait immédiatement à qui parler, et verrait aussitôt vingt amis de mon père se lever pour châtier son insolence.

Le comte réfléchit un moment. Tout semblait confirmer la vérité du récit de Marianna.

Il prit les journaux et se rendit chez la comtesse.

—Tenez, madame, lui dit-il en plaçant devant elle les feuilles françaises, voici ce que votre imagination romanesque vous a fait vous procurer par des moyens extravagants; il suffisait de me demander ces journaux pour les obtenir.

Elle le regarda avec stupéfaction. La voix

du comte était radoucie; et Marguerite ne lisait plus sur ses traits l'expression de la violence et de la colère.

— Une autre fois, continua-t-il, recourez à
des moyens moins extrêmes et moins dangereux. Désormais, je mettrai à votre disposition tous les journaux qui arriveront de
France.

Marianna, quelques instants après, vint retrouver Marguerite; elle s'assit près de la
table où elle avait l'habitude de travailler, attendit que le comte fût rentré, de quelques
instants chez lui, et s'assura, par de longues
et minutieuses précautions, que personne ne
pouvait les entendre.

— Sauvées! s'écria-t-elle alors, en sautant
au cou de madame de San-Piétri, sauvées!

Le bourgmestre a reçu, de mes mains et sans me reconnaître, votre paquet.

— Merci! merci! Marianna; ton dévouement te rend encore plus chère à ma tendresse! Tu es ma fille aussi, toi!

Et tandis que Marianna baisait avec effusion les mains de son amie :

— Comment as-tu fait pour désarmer la colère du comte? demanda-t-elle.

— Dieu m'a inspirée! J'avais acheté quelques journaux de France à un matelot; je savais que vous les liriez avec plaisir : tout ce qui vient de la France vous est si cher! Tandis que le comte me questionnait, une pensée soudaine, inspirée sans doute par Dieu, m'est venue : j'ai feint de m'évanouir; je savais bien que le comte profiterait de ce moment pour me fouiller, et j'avais d'ailleurs, dans ma chute, tiré un peu de ma poitrine les journaux, en feignant de les cacher. Ma tendresse pour vous m'a donné de la ruse et m'a fait réussir.

— Dieu te pardonne cet innocent mensonge, mon enfant, murmura Marguerite en l'attirant contre sa poitrine. Ton adresse et ta résolution viennent de jeter, dans ma vie désolée, une consolation immense. Oui, continua-t-elle en se tournant vers un crucifix, Dieu ne laissera point incomplète l'œuvre miraculeuse qu'il a commencée. Il s'est servi de la main d'une orpheline pour sauver une autre orpheline!

VIII.

L'HONNEUR DU NÉGOCIANT.

Chez les vieilles familles commerciales de
la Hollande, le fanatisme du point d'honneur
s'élève jusqu'aux plus sublimes et aux plus
héroïques sacrifices. Tout ce que l'histoire
raconte des républicains de l'antiquité et de

leur dévouement à la patrie, un négociant néerlandais le ferait, sans hésiter, pour sauver l'honneur compromis de sa maison et de son nom : comme Mutius Scévola, il mettrait, sans hésiter, sa main dans un brasier ardent; comme Brutus, il immolerait ses fils.

Deux faits qui se sont récemment passés, attestent victorieusement ce que nous venons d'avancer.

Il y a treize ou quatorze années, un négociant de Rotterdam envoya son fils suivre les cours de l'université de Leyde. Leyde, on le sait, est une ville toute doctorale et dont les mœurs rappellent un peu, par leur pédanterie turbulente, les habitudes non moins agitées des étudiants parisiens au quatorzième siècle. Elle est tellement imbue de latin, que les affiches des chambres à louer sont écrites en langue latine, et qu'on ne peut faire un pas sans rencontrer une petite planchette blanche, peinte à l'huile, et barbouillée, en lettres noires, de ces mots : *Cubicula locanda.*

Le fils du négociant de Rotterdam se mit, comme autrefois le petit Jehan Frollo, à mener joyeuse vie, préférant les dez aux livres et la fumée de la pipe aux leçons des professeurs. Il joua, perdit des sommes considérables, faute d'argent fit des lettres de change, et trouva facilement des usuriers pour escompter du papier portant une des signatures les plus honorables du commerce hollandais. Quand on présenta les lettres de change au père du jeune fou, le négociant paya, sans une hésitation, sans même laisser voir sur son visage, le désespoir que lui causait l'indigne conduite de son fils. Les dettes contractées par le débauché s'élevaient cependant

à cent mille florins. C'était une brèche considérable faite à la fortune du malheureux
père. Il rappela son fils à Rotterdam, lui re-
procha l'indignité de sa conduite et lui déclara qu'il fallait l'expier par le travail et les
privations. On ne passe point facilement d'une
dissipation effrénée à une vie régulière et
d'une austérité absolue. Le jeune homme es-
saya de secouer le frein; après des luttes terribles, il s'enfuit de la maison paternelle. Le
négociant, qui avait payé deux cent mille
francs pour sauver l'honneur du nom de sa
famille, n'hésita plus, dès-lors, à désavouer
hautement les méfaits de son fils. Une note
insérée dans tous les journaux de la Hollande
déclarait qu'il ne reconnaîtrait aucune des
dettes que pourrait contracter un enfant avec
lequel il ne voulait désormais garder aucune
relation.

Une pareille mesure ne saurait être appréciée dans toute son énergie par nos habitudes françaises; pour en comprendre la gravité, il faut avoir vécu parmi les Hollandais et connaître leur aversion profonde pour l'ébruitement de la vie privée et pour le scandale.

Un an après le départ de son fils, le négociant constata qu'un vol avait été commis dans sa caisse, forcée la nuit. Personne, excepté son fils, ne connaissait la manière d'ouvrir les serrures et ne possédait le secret de cette caisse.

A quelque temps de là, le négociant entendit encore, la nuit, du bruit dans ses bureaux. Il se leva, s'arma de deux pistolets, entra doucement et reconnut son fils qui crochetait la serrure de la caisse. Le jeune homme jeta un grand cri et tomba à genoux devant son père. Le père lui présenta un des deux pistolets qu'il tenait.

— Vous êtes déshonoré, lui dit-il, la mort seule peut vous sauver de l'infamie. Voici un pistolet.

Le jeune homme prit l'arme, mais il la rejeta bientôt loin de lui. Sa main tremblait et le cœur lui manquait. Le négociant, éperdu, ramassa le pistolet qu'avait éloigné son fils, tira sur lui, l'abattit à ses pieds et alla sur-le-champ apprendre à la justice la terrible scène qui venait de se passer. Il ne se trouva pas un juge pour condamner ce père offensé dans l'honneur de son nom et qui avait préféré, pour son fils, la mort à la honte. L'affaire ne fut même pas portée devant les tribunaux. La justice refusa de poursuivre.

L'autre fait, moins dramatique sans doute,

présente encore des caractères d'un intérêt puissant et décisif.

Un négociant d'Amsterdam se vit réduit, par des spéculations malheureuses, à suspendre ses paiements. Il abandonna tous ses biens à ses créanciers et entra, comme commis, chez un de ses amis. Pendant quinze années, il consacra les neuf dixièmes de ses appointements à satisfaire aux engagements dont il n'avait pu s'acquitter, à l'époque de sa liquidation. Avec le reste, il vivait en s'imposant des privations devant lesquelles eût hésité un anachorète lui-même. Il lui restait encore mille florins environ à payer, pour obtenir sa réhabilitation, lorsqu'une paralysie du cerveau vint le frapper et le mit dans l'impossibilité de continuer ses fonctions de commis. Malgré les sollicitations qu'on lui adressa et les offres qu'on lui fit, il refusa de vivre sans travailler, se fit commissionnaire du port, et parvint à compléter les mille florins qu'il désirait avec tant d'ardeur. Il est vrai qu'on avait profité de sa demi-imbécillité pour payer huit ou dix fois leur valeur les commissions qu'il faisait.

Une fois sa réhabilitation obtenue, cet homme, maintenant qu'il avait reconquis son honneur, comme s'il n'eût plus rien à faire ici-bas, mourut ou plutôt s'éteignit.

Menheyr Van-Gastel était un de ces hommes dans la pensée duquel l'honneur commercial marche avant toute autre croyance. Fier de son titre de bourgmestre et de la considération que lui accordaient ses concitoyens, il ne reculait devant aucun sacrifice pour se maintenir dans la possession de ces deux biens inappréciables pour lui. On l'avait vu, dans les temps d'épidémie, risquer prodigalement ses jours, non par charité, mais afin d'obtenir la faveur populaire et d'entendre dire, par la rumeur publique, qu'il avait bien mérité de ses concitoyens. Son voyage à Batavia, les sacrifices immenses par lesquels il avait réparé les fautes d'un associé imprudent, étaient de nouvelles preuves de son respect scrupuleux et jaloux pour son honneur. Au moment où il se félicitait d'avoir terminé cette affaire difficile, et quand il commençait à respirer de ses inquiétudes redoutables, une lettre qu'il reçut de Pétrus vint le rejeter dans les angoisses. Son fils lui annonçait que des bruits sinistres s'étaient répandus sur un des plus célèbres banquiers d'Amsterdam; une gêne visible s'était fait sentir dans ses opérations. On craignait qu'il ne succombât, et sa ruine, si jamais elle arrivait, devait entraîner, dans sa chute, un grand nombre de négociants honorables; la maison Van-Gastel, plus qu'une autre, serait ébranlée par ce choc terrible; elle y perdrait des capitaux immenses, et se trouverait réduite à se créer de nouveaux moyens de crédit. Vivement secondé par Daniel, que l'imminence du péril et le sentiment de l'honneur, avaient rallié à son frère, Pétrus cherchait courageusement à faire face au péril, sans espérer toutefois le conjurer jusqu'au bout. Il avait obvié aux premières nécessités et pourrait pendant huit mois satisfaire à tout. Passé ce temps, il ne lui restait d'espoir que dans l'expérience et les hautes vues de son père. Il le suppliait donc instamment de revenir à Lewardeen le plus promptement possible. Il s'agissait du salut de sa maison.

Le bourgmestre, on l'a vu, n'avait point hésité; laissant derrière lui, à Batavia, des intérêts graves, mais du moins sans péril, il s'était embarqué sur le premier bâtiment qui faisait voile pour l'Europe.

Dire tout ce qu'il souffrit pendant la traversée, qui dura deux mois et demi, ne saurait s'exprimer. Condamné à l'inaction quand il sentait impérieusement le besoin d'agir, sans nouvelles de son fils, se demandant sans cesse avec anxiété s'il n'arriverait point trop tard pour sauver son honneur, quand il débarqua dans le port d'Amsterdam, ses cheveux avaient blanchi et il semblait compter vingt années de plus. A cinquante ans, il présentait toutes les apparences de la vieillesse.

La traversée avait été, de trois semaines, plus courtes que d'ordinaire; personne de la famille n'attendait donc le bourgmestre et ne pouvait prévoir son arrivée. Menheyr Van Gastel, en débarquant à Amsterdam, résolut de partir sur-le-champ pour la Frise, et d'avoir une conférence avec ses fils, avant que son retour en Hollande ne fût connu.

Par malheur, on était au mois de septembre, et la kermesse de la ville venait de commencer.

Les descriptions ne sauraient donner, quelque détaillées qu'elles fussent, une idée complète de l'aspect que présente une ville néerlandaise, quand les carillons de toutes les cloches annoncent joyeusement l'arrivée de la kermesse. Les plus pauvres prodiguent follement, pour prendre leur part de la joie publique, les économies qu'à force de privations, ils ont amassées depuis un an, dans ce but. Chacun s'endimanche de ses plus beaux habits; la ville se remplit de femmes parées de leurs costumes nationaux si pittoresques et si riches. Ne demandez pas à cette foule une parole sensée, elle est toute entière aux plaisirs. Il lui faut de la musique, de la danse, des tables chargées de bouteilles, des cris, des quolibets, de la cohue, des saltimbanques, des marchandes de gauffres, des boutiques en plein vent. Des farandoles, semblables à celle du midi, échevelées, bruyantes, rieuses, se nouent et se déroulent sur les quais brumeux et sur les ponts humides de la Hollande, comme sous le ciel brûlant de la Provence. Ne parlez ni d'affaires, ni de lucre à ce peuple dont les affaires et le lucre sont la vie; il détournera dédaigneusement la tête, et vous prendra de force les mains, pour vous faire danser avec lui. La famille elle-même, ce sacerdoce de la Hollande, perd ses droits et sa hiérarchie dans ces lupercales. Les enfants cessent de trembler et de s'incliner devant l'autorité paternelle; les servantes repoussent du pied les travaux et la discipline domesti- ques. On les voit courir, suspendues au bras d'un homme qu'elles ont parfois loué à prix d'argent; car il faut qu'une servante d'Ams- terdam, le jour de la kermesse, se montre à la promenade avec un compagnon de bonne mine. Il faut encore que ce compagnon soit bien vêtu, qu'il ait une grande prestance, et surtout qu'il porte un parapluie. Le ciel dé- ployât-t-il son plus bel azur, le soleil reluisît- il de ses splendeurs les plus éblouissantes, le parapluie est de rigueur. On rencontre, à chaque pas, de grands benets, sur le bras desquels s'appuient d'adorables jeunes filles, devant la beauté blonde et rose desquelles on ne peut s'empêcher de s'arrêter avec admira- tion. Elles seules prodiguent les soins et les prévenances à leur sigisbé; l'autre se laisse faire impassiblement. Quand il veut boire, elles paient le cabaretier; quand il veut manger, elles le mènent devant une boutique et le regardent complaisamment gober des moules crues, trempées dans du vinaigre. C'est encore, de l'argent noué dans le coin de leur mouchoir, qu'elles tirent le prix des contredanses et qu'elles achètent deux cartes d'entrée aux petits théâtres. Une servante qui gagne cent florins par an, en consacre, d'ordinaire, soixante-quinze à cette folle journée.

Bourrelé d'inquiétude et d'impatience, le bourgmestre parcourut vainement le port pour trouver une embarcation qui pût le conduire à Lewardeen. Le bâteau à vapeur qui fait le voyage ne devait partir que le lendemain. Quant aux matelots des autres bâtiments, ils s'étaient loués aux jolies servantes pour compagnons de kermesse. Il fallut

donc que menheyr Van-Gastel se réfugiât dans
un hôtel garni et vît le reste de la journée s'é-
couler lentement, sans rien apprendre de
l'état de ses affaires. En temps de kermesse,
il n'y a plus d'affaires dans une ville de Hollande. Comme le tyran de l'antiquité, chacun a remis au lendemain les choses sérieuses.

Le lendemain enfin, menheyr Van-Gastel
put partir pour Lewardeen. Cette traversée
de douze heures lui sembla égaler, en durée,
la traversée de Batavia à la Hollande. Chaque
minute prenait pour lui l'étendue et les souffrances d'un mois.

Enfin, il arriva. Le premier qui l'aperçut
fut le commis Baas Blum. Blum, pendant
l'absence de son patron, s'était livré à son
goût pour l'ivrognerie avec plus de passion

que jamais; aussi était-il tombé dans un état voisin de l'abrutissement. Au cri qu'il jeta en prononçant le nom du bourgmestre, Daniel et Pétrus accoururent tous les deux , également pâlis par le chagrin et par les soucis.

— C'est Dieu qui vous envoie pour nous sauver, mon père! s'écria Daniel.

Pétrus secoua tristement la tête et regarda son père avec désespoir.

Le bourgmestre, sans adresser un mot d'affection à ses fils, sans répondre à peine à madame Van-Gastel accourue près de lui, entra dans son bureau, s'enferma avec ses deux enfants et les interrogea. Pétrus lui dépeignit en quelques mots la situation de leur maison.

Pour faire face aux engagements contractés, il avait fallu recourir à des moyens extrêmes et périlleux ; grever d'hypothèques les
propriétés et la collection de tableaux, émet-
tre des valeurs considérables ; suffire aux
remboursements par des emprunts. Ces res-
sources avaient satisfait à la dernière fin du
mois ; mais dans huit jours arrivaient les paiements de septembre, et Pétrus ne savait où
trouver les deux cent mille florins nécessaires. Il avait, ainsi que son frère, épuisé partout son crédit ; la chute de la maison de banque d'Amsterdam, chute depuis longtemps
prévue, mais déclarée depuis trois jours
seulement, achevait de les abattre et de les
écraser.

Le bourgmestre, assis devant ses fils qui
se tenaient debout, les écoutait avec une douleur pleine de majesté. De temps à autre, il

les interrompait pour leur adresser une question ; cette question produisait toujours un
résultat puissant et lumineux. Souvent, elle
changeait la face des choses et ranimait une
sorte d'espérance dans les cœurs de Pétrus et
de Daniel. Avec une habileté pleine d'énergie
et de hardiesse, il sut découvrir des ressour-
ces inaperçues par ses fils, créer de nouveaux moyens de crédit, et faire face à des
dangers qui semblaient naguère encore inévi-
tables aux deux jeunes gens. Quand il eut fini,
Pétrus, sur l'ordre de menheyr Van-Gastel,
récapitula, la plume à la main, les valeurs
que leur allait procurer la haute intelligence
du bourgmestre. Son père et son frère suivaient de l'œil, avec une anxiété qu'on se figure sans peine, les résultats de l'addition
qu'il faisait. A chaque instant, ils voyaient
les chiffres s'accumuler et la somme qu'ils produisaient se grossir. Tous les trois laissèrent

échapper un gémissement, quand Pétrus ,
après avoir recommencé et vérifié quatre fois
ses calculs, traça le chiffre de cent mille
florins.

— La moitié seulement de la somme qu'il
nous faut ! dit le bourgmestre en regardant le
ciel avec désespoir. Rien ne saurait nous soustraire au déshonneur ! rien !

Il se leva brusquement et marcha longtemps
avec précipitation. Une sueur glacée ruisse-
lait sur son front chauve. Ses ongles labouraient sa poitine et l'ensanglantaient sans qu'il
s'en aperçût. Daniel et Pétrus, pâles, brisés,
restaient silencieux et la tête baissée. Jamais
douleur plus profonde n'avait frappé un
homme. C'était un spectacle horrible que ce
vieillard luttant contre un désespoir affreux.
Son orgueil avait disparu ; il ne songeait plus

à garder, devant ses fils, cette dignité et ce sang-froid qui, tout-à-l'heure encore, présidaient à ses moindres actions. A la fin, ses forces elles-mêmes l'abandonnèrent : il s'arrêta, retomba sur son fauteuil et donna un libre cours à ses larmes. C'était la première fois que ses fils le voyaient pleurer. La mort de sa fille n'avait pu elle-même, autrefois, lui arracher ce témoignage de défaite.

Longtemps, on n'entendit dans le cabinet du bourgmestre que des sanglots et des soupirs. Tout-à-coup, menheyr Van-Gastel releva la tête et tendit les bras à ses fils qui se précipitèrent sur sa poitrine. Il les y pressa longtemps avec une émotion convulsive.

— Mon Dieu, dit-il enfin, mon Dieu, inspirez-moi un moyen de salut! Prenez mon existence, mais sauvez mon honneur. Que mon père, dans le ciel, n'ait point à rougir de voir souiller le nom qu'il m'a légué. Que mes fils ne reçoivent point de moi un héritage d'opprobre!

Tout-à-coup, il s'arrêta, comme par une inspiration soudaine ; il passa ses mains sur son front et il essuya ses yeux. Une lutte rapide, mais violente, parut s'emparer de lui.

— Périsse toute pensée d'orgueil! dit-il enfin. Daniel, Pétrus va s'occuper de réaliser les opérations que je viens de lui signaler; il traitera avec le riche marchand Jacopson de ce qu'il reste de ma collection de tableaux. Vous, vous allez m'accompagner ; faites tout disposer ; nous nous rendons sur-le-champ à Bruxelles.

— Oui, mon père. Le *steamboat* doit partir ce soir : nous n'avons point de temps à perdre ; il faut que nous soyons en route dans une heure au plus tard.

Le bourgmestre employa cette heure à donner des ordres à ses commis et reçut une ou deux personnes de la ville. La présence de ces visiteurs lui donna la force de maîtriser sa douleur ; il leur répondit avec une présence d'esprit parfaite. Dès qu'il les eût congédiés, il monta en voiture avec Daniel. Ils atteignirent Harlingen avant le départ du bateau à vapeur, y prirent place, gagnèrent Amsterdam, puis Rotterdam, et se trouvèrent à Anvers le surlendemain ; ils ne prirent de repos qu'arrivés à Bruxelles.

Daniel dormait profondément ; la fatigue et l'abattement lui valurent cette interruption à ses chagrins. Le bourgmestre ne se coucha même pas. Depuis le jour où il avait mis le pied en Frise, le sommeil ne lui avait point accordé un instant de relâche : sa tête était brûlante; son cœur battait d'une manière désordonnée; il lui était impossible de rester sans mouvement.

Dès que la lumière parût, il prit son fils par le bras, sans lui communiquer, plus qu'il ne l'avait fait depuis trois jours, quel était son dessein. On aurait dit qu'il hésitait à lui confier la démarche qu'il allait tenter ; la honte le retenait. A la fin, ils arrivèrent devant une petite porte, à large bouton de cuivre, et qui se dressait au-dessus d'un perron de six marches en grès. Daniel jeta un cri de surprise!... c'était la maison de la parente qui l'avait élevé, — de sa tante Goosens !

Le bourgmestre s'arrêta, baissa les yeux

devant son fils et lui demanda d'une voix confuse :

— Daniel, n'avez-vous entretenu aucune relation avec votre tante, depuis le jour où vous avez quitté la maison ?

— Vous me l'aviez défendu, mon père ; je ne vous ai point désobéi, quoique cette défense me fût douloureuse.

Le vieillard reprit avec une extrême répugnance et en laissant tomber ses paroles, une à une, du fond de sa poitrine.

— Elle ignore donc votre... votre retour à la foi catholique ?

— Le père Jérôme, mon confesseur, s'était chargé de le lui apprendre. Frappé subi-

tement de mort, je pense qu'il n'a pu remplir la mission dont il s'était chargé.

Le bourgmestre, par un fiévreux mouvement de résolution, gravit les marches du
petit perron et agita le marteau de cuivre de
la porte. Une vieille servante, enveloppée de
la cape flamande, vint ouvrir. Menheyr Van-
Gastel fit un signe à son fils, tomba sur une
chaise dans le parloir et se cacha le visage
dans ses deux mains. La servante regardait
les étrangers avec surprise.

— Et quoi, ma bonne Catherine, demanda
le jeune homme, ne reconnaissez-vous point
l'enfant chéri que vous avez bercé tant de
fois sur vos genoux? Faut-il que je vous dise
mon nom de Daniel, pour que vous m'em-
brassiez et que vous me grondiez comme autrefois?

— Daniel ! monsieur Daniel ! Oh ! Jésus ! Jésus ! est-ce bien vous ?

— Oui, moi, ma vieille amie, moi-même !

Elle lui sauta au cou et l'embrassa. Tout-à-coup elle recula.

— Je n'embrasserai point un hérétique, monsieur. Mademoiselle Goosens ne me le pardonnerait jamais de la vie, et moi-même je n'oserais l'avouer à mon confesseur.

— Embrasse-moi sans remords, car je suis aussi bon catholique que toi. Viens, ma vieille nourrice, viens m'embrasser maintenant, et hâte-toi de prévenir ma tante de l'arrivée de son neveu.

Catherine, toute en larmes, embrassa Daniel, l'embrassa de nouveau, et courut aunoncer la grande nouvelle à mademoiselle Goosens. Quelques instants après, le bruit d'une vive discussion entre la maîtresse et la servante arriva jusqu'à Daniel.

— Vous le verrez ! disait Catherine.

— Point d'apostat chez moi ! répétait la vieille fille.

— Je vous répète qu'il est aussi bon catholique que vous et moi ! ripostait Catherine.

. Daniel ouvrit la porte et courut à sa tante.

— Oui, ma tante ; oui, dit-il, Dieu m'a permis d'ouvrir de nouveau les yeux à la lumière. J'ai abjuré, aux pieds du père Jérôme, une croyance qui m'avait été imposée, mais dont mon cœur n'avait jamais été complice.

Mademoiselle Goosens se souleva dans le fauteuil où la retenaient couchée ses nombreuses infirmités : elle tendit à son neveu une main osseuse qu'il couvrit de baisers.

— C'est donc pour cela, neveu, que ton père t'a chassé de sa maison ? Il m'est arrivé quelques bruits de cela, quoique j'eusse défendu expressément que ton nom fût jamais prononcé chez moi, n'importe sous quel prétexte. Pourquoi donc n'es-tu point venu me retrouver ?

— C'est en Allemagne, ma tante, que j'ai rencontré mon saint confesseur.

— Et maintenant tu rentres dans ma maison pour n'en plus sortir, n'est-ce pas ? Tu redeviens mon enfant, mon fils, mon unique héritier ? Car menheyr Van-Gastel ne verra jamais luire à ses yeux un seul florin de ma succession. Tu me le jureras sur le crucifix. Oh! rien qu'au seul nom de cet homme, Dieu me le pardonne, je sens des malédictions sur mes lèvres.

— Ma tante, ma bonne tante, reprit Daniel, mon père est malheureux; mon père souffre!

—Ah! Dieu est juste! s'écria mademoiselle Goosens avec triomphe, Dieu est juste! Enfin cet homme sans cœur et sans pitié est abattu!

— Silence! par pitié, ma tante, il est là; il peut nous entendre.

— Là! Chez moi? dit la vieille en reculant la tête, comme si la gueule d'une vipère l'eût menacée de sa fatale morsure. Chassez-le, chassez-le, Catherine! Dites à cet homme de sortir!

— Ma tante, par pitié, par tendresse pour moi...

— Point de merci pour les méchants! Sais-tu les larmes qu'il m'a fait verser, quand il est venu t'arracher brutalement à ma tendresse et qu'il t'a fait apostasier?... J'ai failli en perdre la raison!

— Ma tante, il est si malheureux!

— Et que me veut-il? demanda-t-elle avec un rire amer. Faites entrer la personne qui est dans mon parloir, Catherine. Il ne faut pas que menheyr le bourgmestre de Lewardeen attende ainsi chez une pauvre bourgeoise.

Catherine se hâta d'exécuter les ordres de sa maîtresse; le vieillard entra, la tête basse et dans l'attitude d'une profonde humilité. Mademoiselle Goosens lui fit signe de s'asseoir, et d'une voix hypocritement doucereuse :

— C'est un grand honneur pour moi que la visite de notre cousin menheyr le bourgmestre Van-Gastel, dit-elle : quels motifs peuvent nous la faire valoir?

— Écoutez-moi, parente, répliqua Van-Gastel, s'il ne s'était agi de l'honneur du nom que portent mes enfants et que j'ai reçu de mon père, qui était votre oncle, vous ne me verriez point ici. Je vous ai offensée; vous devez comprendre ce qu'il m'en coûte pour venir faire, devant vous, amende honorable de cette offense.

— Que désirez vous de moi, mon parent?

— Ma fortune se trouve détruite par une cruelle fatalité. Des pertes considérables éprouvées à Batavia, trois faillites subies en Hollande, me laissent sans ressource. Si je n'ai pas cent mille florins avant quatre jours, je suis déshonoré.

— Et vous comptez sur moi pour obtenir cet argent!

— Il vous serait facile d'hypothéquer vos biens pour cent mille florins : vous en toucheriez exactement le revenu, quand bien même je devrais manquer de pain. Mes enfants vous feront la même promesse.

— Cent mille florins ne seraient pas difficiles à me procurer. Un mot à mon notaire, et deux heures me suffiraient pour qu'on m'apportât cette somme.

Le bourgmestre voulut parler; ses lèvres s'agitèrent sans produire de son et son visage se décomposa.

— Ainsi, reprit mademoiselle Goosens, si vous n'obtenez pas de moi cent mille florins, vous êtes déshonoré?

Il répondit par un signe affirmatif de tête.

— Que ferez-vous pour moi, en échange de ce service?

Il balbutia :

— Dictez vos conditions.

— Mes conditions? ricana-t-elle en dardant sur lui ses petits yeux enfoncés profondément par l'âge, sous l'arcade ridée de ses paupières; vous laisserez pratiquer librement à Daniel, dans votre maison, les exercices de sa foi !

Il accéda par un geste.

— Vous le laisserez, à la face de toute la ville, s'avouer hautement catholique, apostolique et romain.

Il n'hésita qu'un moment et promit.

— Ainsi, dit-elle, vous n'avez même pas, pour vous justifier, une foi ferme et réelle dans votre religion. L'orgueil et non la conviction vous ont fait bourreler un enfant pour l'obliger à apostasier. Aujourd'hui, je vous vois disposé, comme Judas, à vendre votre Dieu pour treize deniers !... Vous n'aurez point l'or que vous attendez ici, à mes pieds, homme avide et sans cœur. Non! Vous avez tout sacrifié à l'orgueil; que votre idole retombe sur vous de tout son poids et vous écrase! Allez! vous serez déshonoré! On vous montrera au doigt. Quand vous passerez, les enfants diront : Voilà un banqueroutier! Et toute la Hollande répétera, avec eux : Menheyr le bourgmestre Van-Gastel a fait banqueroute! Bourgmestre! Allez vite donner votre démission de ce titre. Courbez-vous; devenez pauvre; soyez frappé par le déshonneur. Ah! ah! banqueroutier! banqueroutier!

Van-Gastel tomba à genoux.

— Je ne vous demande point de pitié pour moi, mais pour mes enfants! s'écria-t-il.

— Vos enfants? Eh bien! après votre mort, j'en prendrai soin; peut-être même n'attendrai-je point jusqu'à ce moment. Quand vous aurez subi la peine de votre orgueil, je vous tendrai la main... Il faut auparavant que l'expiation s'accomplisse!

Le bourgmestre, désespéré, se releva. Daniel s'apprêta à le suivre.

— Tu me quittes, Daniel, tu t'en vas aussi, mon enfant? demanda mademoiselle Goosens à son neveu. Reste près de moi, mon fils, mon enfant!

— Ma place est près de mon père, dont vous n'avez point de pitié.

— Près de ton père, qui a spéculé sur mon affection pour toi! qui me vendra ta présence et tes caresses! Je n'en veux pas à un tel prix! Partez tous les deux et cessez de troubler le repos d'une pauvre vieille femme dont, toute votre vie, vous avez fait le malheur!... Allez !

Catherine s'approcha de sa maîtresse. Elle pleurait.

— Allons, mademoiselle, un bon mouvement, dit-elle; prenez pitié du père de notre cher Daniel.

Mademoiselle Goosens, qui, depuis quatre ans, n'avait pu quitter son fauteuil, se leva tout-à-coup, par un mouvement plein de violence et de solennité.

— Hors de chez moi! dit elle, hors d'ici, mendiants !

Le bourgmestre, désespéré, sortit, accompagné de Daniel.

Le surlendemain, au point du jour, ils entraient dans Lewardeen. C'était le jour des échéances et du paiement des billets.

Une seule personne, dans la maison Van-Gastel, n'avait ressenti, par aucun contre-coup, les douleurs qui pesaient sur cette famille : c'était le vieux commis Baas Blum. Impassible et stupide comme la presse à copier qui lui servait à prendre des doubles de la correspondance, il continuait à s'acquitter de sa besogne avec une ponctualité mécanique, transcrivait les lettres qu'on lui remettait, et enregistrait les effets comme si la ruine n'était pas suspendue au-dessus de sa tête. Il se retirait dans sa chambre chaque soir, suivant son habitude, et y buvait une bouteille d'eau-de-vie, sans réfléchir ; il avait à peine la conscience de ce qu'il faisait.

Cependant, déjà des bruits sinistres s'é-taient répandus, depuis quelques jours, dans la ville, sur l'état de gêne auquel se trouvait réduit le bourgmestre. On parlait d'une crise dont l'issue fatale allait éclater : des amis officieux n'avaient pas manqué de venir répéter à Pétrus et à sa mère, ces rumeurs.

Le bourgmestre trouva donc Pétrus dans un état d'abattement semblable à celui de son père.

Menheyr Van-Gastel, l'ame altérée et le regard sombre, écouta, sans répondre un mot, tout ce que dirent sa femme et son fils. Il ne leur parla point de la tentative qu'il avait faite près de mademoiselle Goosens, traversa silencieusement ses bureaux et alla s'enfermer dans son cabinet.

Ce cabinet était une grande pièce froide, garnie de cartons, et dont tout le mobilier, se composait de quelques chaises de paille et d'un vieux fauteuil en cuir sur lequel s'étaient assis, depuis quatre générations, les chefs de la maison Van-Gastel. Un grand bureau en acajou, flanqué, à droite et à gauche, de tiroirs dont le bourgmestre portait toujours la clef sur lui, occupait le milieu du cabinet. Pendant le séjour de leur père à Batavia, Pétrus et Daniel n'étaient entrés dans ce sanctuaire commercial que pour y prendre des papiers indispensables. Ils l'avaient respecté, comme on respecte le trône d'un monarque absent.

Menheyr Van-Gastel sonna, se fit allumer du feu, ferma au verrou la porte de son cabinet, attira son fauteuil devant la cheminée, et posa ses pieds devant l'énorme grille chargée de houille. Les pensées qui l'assaillirent tumultueusement l'obligèrent à se lever. Tout-à-l'heure, le froid le faisait trembler, maintenant il étouffait. Il ouvrit une fenêtre pour respirer, la referma violemment, et se mit à marcher à grands pas dans son cabinet. Il y avait des moments où son cerveau ne percevait plus nettement une seule pensée, et d'autres où il secouait la tête pour s'étourdir et se soustraire aux idées qui se pressaient devant son imagination. A la fin, presque fou, la tête embrasée par l'insomnie, il alla s'asseoir devant son bureau, et prit au hasard les papiers qui s'y trouvaient déposés.

Une lettre s'offrit tout-à-coup à ses yeux, elle portait pour suscription :

A M. le bourgmestre Van-Gastel, de Levardeen, pour n'être ouverte que par lui seul.

Ces mots se trouvaient écrits en hollandais.

Il rejeta la lettre loin de lui. Sans doute il s'agissait de quelque affaire de la ville, ou d'une demande de secours par quelque indigent, comme il lui en arrivait sans cesse. Il se remit à marcher et revint à la lettre machinalement, ainsi qu'il arrive dans une grande préoccupation. A la fin, il la décacheta, et porta ses regards distraits sur ce qu'elle contenait.

Il jeta un cri et retomba sur son fauteuil dans un état de trouble impossible à décrire.

Il se traîna jusqu'à la fenêtre qu'il ouvrit de nouveau. Le temps était sombre et la pluie tombait avec violence; il présenta son front à la tempête pour que la pluie et le vent qui le fouettaient vinssent un peu rafraîchir l'ardeur dont il se sentait dévoré : on l'eût pris, en ce moment, pour un insensé, tant sa poitrine se soulevait avec effort, tant ses yeux roulaient avec égarement. Pendant plus de dix minutes, il demeura dans cet état violent et voisin de la démence. A la fin, il tomba les deux genoux en terre, tendit les mains au ciel et s'écria :

— Mon Dieu ! mon Dieu, prenez pitié de moi !

Le bourgmestre se releva : il prit la lettre, d'une main tremblante, tandis que de l'autre il froissait convulsivement les valeurs commerciales qui s'étaient échappées de l'enveloppe. Il lui avait suffi d'un coup-d'œil pour constater que ces lettres de change se trouvaient au nombre de quatre; qu'elles formaient un total de deux cent mille francs, qu'elles étaient créés à dix jours de présentation et qu'elles portaient, à leurs revers, deux endossements qui en faisaient de véritables effets au porteur. Néanmoins, ses regards ne se détachaient point de dessus les billets et ne cessaient pas de vérifier, une à une, l'exactitude de ces formalités. Quand au billet il n'avait pu encore le lire; ses prunelles refusaient à sa volonté de se fixer sur la petite page où ne se trouvaient tracées que trois lignes :

« Deux cent mille francs qui appartiennent
« à Marianne de Selvignies, sont remis à
« menheyr Van-Gastel, qui les emploiera de
« manière à assurer l'existence de cette mal-
« heureuse enfant. »

Ces mots fatals se retraçaient en caractères de feu devant lui. Ils l'obsédaient ; ils le rendaient fou. A la fin, il se leva et tira violemment le cordon d'une sonnette qui correspon-

dait avec le bureau dans lequel travaillait
Baas Blum. Le vieux commis accourut aussitôt dans le cabinet de son maître.

— Menheyr est malade? s'écria-t-il en
voyant les traits bouleversés du bourgmestre.
Je vais appeler et demander des secours.

Van-Gastel, par un geste impérieux, fit
signe à Blum de se taire et de fermer la porte
au verrou.

Cinq ou six minutes s'écoulèrent néanmoins
sans que le bourgmestre adressât la parole au
commis. Il semblait avoir oublié sa présence;
il tourmentait la lettre qu'il tenait à la main;
il se levait, il se rasseyait; il poussait des gé-
missements; le sang qui empourprait son visage semblait prêt à en jaillir par les pores.

A la fin, le nom de Marianne s'échappa de ses lèvres.

Blum tomba à genoux.

— Grâce! s'écria-t-il, grâce, menheyr!

— Que veut dire ce misérable? demanda Van-Gastel. Parleras-tu? parleras-tu?

Il se leva, courut au commis épouvanté, le saisit par le bras et l'entraîna près de la cheminée.

Ta langue se déliera-t-elle enfin? rugit-il sans s'apercevoir qu'il broyait dans sa main d'Hercule le frêle poignet de Baas Blum.

— Je confesserai tout, je confesserai tout! murmura le commis en se débattant; par grâce, menheyr, lâchez-moi!

Alors, d'une voix tremblante, il raconta brièvement la disparition de Marianne à Paris, et les inutiles efforts qu'il avait faits pour la retrouver. Le départ de Peyraicave avait laissé infructueuses ses recherches. Il ne déguisa, du reste, aucune circonstance aggravante de sa faute et avoua sa passion effrénée pour l'ivrognerie, cause de tous ses malheurs. En face de son maître, il lui eût été impossible de proférer un mensonge.

Le bourgmestre l'écoutait sans l'interrompre. A mesure que Blum avançait dans son récit, la terrible étreinte de menheyr Van-Gastel se desserrait. Quand le vieillard eut fini, au lieu de l'accabler de sa colère, il détourna les yeux.

— Mes fils savent-ils ces détails? demanda-t-il enfin.

Blum, un peu rassuré, fit une grimace significative.

— Je leur ai dit que la jeune fille s'était
enfuie de l'hôtel garni, et que je n'avais pu
découvrir le lieu de sa retraite, répliqua-t-il.

— Rien de plus?

— Rien de plus.

— Retournez au bureau.

Blum tira le verrou, entr'ouvrit la porte,
se glissa dehors, et disparut avec la rapidité
d'une ombre qui s'efface.

Le négociant, resté seul, cacha son visage
dans ses mains, ferma les yeux, et se servit
de toute la puissance de sa volonté pour ras-
sembler ses idées; mille pensées confuses et

funestes se heurtaient dans son ame; tout-à-coup, il releva la tête :

— Cet argent ne m'appartient pas, s'écria-t-il : c'est un dépôt sacré... Périsse mon honneur plutôt que d'y toucher!... Mon honneur! La honte!... Qu'est devenue cette jeune fille? Pourquoi m'a-t-elle obligé à la chasser de ma maison? Où la trouver maintenant qu'elle s'est jetée dans une existence vagabonde? — Qui m'a confié ce dépôt pour elle? — Non, tout cela ne peut pas être! C'est un délire de mon imagination; c'est de la folie! Qui m'empêche de me servir de cet argent? de sauver mon honneur par ce secours inespéré? Je tiendrai compte à Marianne du revenu de la somme : je la lui rembourserai quand je me serai reconquis, par mon travail, la fortune qui s'est échappée de mes mains... Misérable! je me mens à moi-même.

Jamais je ne pourrai rendre une somme aussi considérable à l'orpheline... Oh! pourquoi Marianne n'est-elle pas ici? Je me mettrais à ses pieds, je la supplierais de me sauver! — Où est-elle? — Vit-elle encore? — Comment la découvrir? — Et demain, demain, tout Lewardeen saura ma honte! Demain, il me faudra fuir, stygmatisé par l'opprobre! — Infamie pour infamie, il vaut mieux me servir de cet argent! Du moins, je sauverai mon nom et celui de mes enfants! J'aurais volontiers vendu mon ame au démon pour éviter mon sort; plus d'une fois cette pensée s'est présentée à mon imagination... Maintenant, le démon m'offre le pacte, je l'accepte! Après tout, qui sait l'avenir? une chance favorable peut me rendre les faveurs de la fortune. Eh bien! alors, je restituerai à cette folle créature le dépôt qu'on a jeté pour elle à mes pieds. Entre elle et mes créanciers, puis-je hésiter? D'une part, de loyaux négociants dont je provoque la ruine; de l'autre, une fille perdue, qui se jouait de nous, et que j'ai surprise dans la chambre de mon fils! Allons! le sort en est jeté! Je ne saurais hésiter plus longtemps. Il faut sauver le vieux nom que je porte! Il le faut, quel qu'en soit le prix! — Oh! non, cela est honteux! cela est infame! Mon Dieu! donnez-moi donc la force de résister, puisque vous m'exposez à la tentation!

Cette lutte, qui se renouvelait sans cesse, sous mille formes toujours renaissantes, obséda longtemps encore le bourgmestre. Il y eut un moment où il prit, pour s'y soustraire, un pistolet chargé dans son bureau; il s'en appuya le bout sur le front. En ce moment, son plus cruel ennemi l'eût pris en pitié. A la fin, il se leva brusquement.

L'orgueil de son nom l'avait emporté.

— Périsse mon ame et que mon nom soit sauvé! dit-il.

Il retomba les genoux en terre et les lèvres convulsivement serrées.

— Oh! mon Dieu, mon Dieu, pardonnez-moi, pardonnez-moi! s'écria-t-il.

Il prit le billet qui accompagnait les quatre lettres de change et l'approcha du feu pour le détruire. Sa main refusa d'avancer jusqu'au brasier; une force invisible semblait la retenir et en paralyser les mouvements. Il revint à son bureau, prit une enveloppe, y mit ce billet, cacheta le paquet avec une bague qui ne quittait jamais son doigt, et écrivit dessus : *Pour mes enfants après ma mort.* Il lutta de

nouveau contre une courte hésitation, plaça
la lettre dans le portefeuille qui contenait ses
papiers de famille et s'élança hors de son cabinet.

Il se rendit près de sa femme, par une
porte dérobée ; mais il n'osa point passer
devant ses fils ; s'il les avait rencontrés, il
n'aurait pu ni soutenir leurs regards, ni accomplir son projet.

Quand sa femme le vit entrer, elle recula
pleine d'épouvante, tant les traits du malheureux négociant se trouvaient décompo-
sés par le désespoir. Elle fondit en larmes et
lui tendit la main. Van-Gastel la repoussa
doucement.

— Peut-être, dit-il, l'œil fixe et d'une voix
saccadée, peut-être parviendrai-je encore à

sauver l'honneur de ma maison; il me reste un moyen suprême; il faut le tenter.

— Je vais prier Dieu pour qu'il vous vienne en aide.

— Dieu! dit-il avec ironie, Dieu! Ne le priez pas, il est sourd, il est impitoyable. Dieu ne peut rien pour nous!

— Mon ami, ces funestes paroles me glacent de terreur. Ne me dites point de pareilles choses!

Le bourgmestre s'étendit sur un fauteuil.

— Que la croyance au néant serait douce! reprit-il. Ne plus être, ne plus garder de souvenir ni du présent, ni du passé; n'avoir point devant soi un avenir de châtiment!....

Les matérialistes ont assurément raison. Dieu et l'ame sont des chimères!

— Votre tête s'égare; vos lèvres disent des blasphêmes que votre cœur désavoue.

— Femme, je voudrais croire au néant! répéta-t-il avec dureté.

Tout-à-coup, il s'attendrit et pleura comme un enfant; il adressa à Dieu des prières ferventes et entrecoupées de sanglots. Madame Van-Gastel, à genoux devant lui, pressait ses mains dans les siennes et s'efforçait de lui rendre un peu de calme.

Longtemps, dans une prostration absolue, il demeura immobile, la tête rénversée sur l'épaule de sa femme et le visage caché sous les plis du voile de madame Van - Gastel.

L'horloge sonna trois heures; il se leva et tressaillit.

— Il est temps! dit-il en se redressant par un mouvement brusque : il est temps! Point de faiblesse; l'heure est venue de tout accomplir.

— Ne me quittez pas dans le trouble où vous êtes, mon ami; laissez vos sens se calmer, ou bien permettez-moi de vous accompagner.

— Suis-je donc un insensé pour qu'on veille sur moi? demanda-t-il avec colère. Le malheur qui me frappe affranchit-il ma famille du respect et de l'obéissance que chacun me doit? Laissez-moi sortir, madame; je vous défends de franchir le seuil de cette porte!

Madame Van-Gastel n'osa point résister et laissa son mari s'éloigner. Elle le suivit du regard, tant qu'elle le put. Il marchait d'un pas chancelant, se soutenait à peine et ne cessait de recourir à l'appui de sa canne. Plus loin, elle le vit disparaître au détour d'une rue.

Elle n'en resta pas moins à la fenêtre pour épier son retour.

Le désordre qu'elle avait remarqué dans les paroles de son mari, la pâleur et la fatigue de ses traits, injectés de sang, la tenaient dans une vive terreur. Connaissant toute l'inflexibilité du sentiment de l'honneur commercial chez le bourgmestre, elle craignait qu'il ne préférât la mort à la honte. Une heure s'écoula sans que menheyr Van-Gastel rentrât chez lui. Les lèvres de la pauvre femme, qui avait recouru à la prière pour tromper l'intolérable lenteur de l'attente, commencèrent à balbutier des mots dont les pensées n'étaient plus dictées par son cerveau. Toute son ame était passée dans ses yeux, attachés sur le point de la rue où elle avait vu disparaître menheyr Van-Gastel.

Une autre heure s'écoula encore sans qu'il revînt.

Un épais brouillard s'était tout à-coup abattu sur la ville, et mettait la pauvre femme dans l'impossibilité de rien distinguer. Alors elle écouta les bruits qui se succédaient au dehors.

Elle ne reconnut, dans aucun des échos renvoyés par les pavés, la marche lente et solennelle de son mari.

Le temps avançait toujours : la sonnerie
de la pendule ne cessait d'annoncer des quarts
d'heure, des demi-heures, des heures qui
passaient et qui s'effaçaient.

A la fin, madame Van-Gastel ne put résister davantage à ses craintes et à ses pressentiments. Elle se rendit près de ses fils. Ils
ignoraient que leur père fût sorti, et partagèrent aussitôt les craintes de leur mère. Il
fut résolu que Pétrus et Daniel se mettraient
sur-le-champ à la recherche du bourgmestre,
et que chacun, de leur côté, ils parcourraient
la ville, avec prudence toutefois, afin de ne
pas éveiller l'attention publique.

Deux heures après, ils se retrouvèrent à la
porte de leur maison, sans avoir pu rien découvrir. En vain, ils avaient parcouru toutes
les rues; en vain ils s'étaient adressé à toutes

les personnes chez lesquelles ils supposaient que leur père avait pu se rendre. Nulle part on ne l'avait vu.

Il fallut donc attendre, au logis et dans l'inaction, un retour qu'on n'espérait plus.

La mère et les deux fils, réunis dans le cabinet du bourgmestre, n'osaient échanger entre eux un regard. Les yeux baissés, le cœur oppressé, ils restaient là, plongés dans une morne tristesse. On n'entendait parfois que les sanglots étouffés de madame Van-Gastel. Daniel avait tiré de son sein un rosaire dont ses doigts parcouraient les grains. Pétrus, immobile comme une statue, serrait ses poings avec rage, et sentait des malédictions prêtes à s'échapper de sa bouche.

L'horloge de la ville sonna minuit et l'on

entendit la voix lamentable du crieur nocturne qui disait son lugubre appel :

— Réveillez-vous, gens qui dormez, et priez pour les trépassés... Il est minuit... Il fait un épais brouillard.

— Il est mort! il est mort! s'écria madame Van-Gastel éperdue. J'ai lu sur son visage le projet funeste qu'il méditait. Il n'a pu résister à la perte de sa réputation! Il est mort, mes enfants!

Daniel se jeta tout en pleurs dans les bras de sa mère. Pétrus se leva brusquement.

— Si mon père est sorti de cette maison avec le dessein d'attenter à sa vie, il n'a point pris cette fatale résolution sans laisser une lettre qui renferme l'expression de sa dernière volonté.

— Pétrus a raison, mes enfants; sortons du doute affreux où nous sommes! Venez visiter le bureau de votre père, Daniel. Son portefeuille doit se trouver au fond du tiroir à gauche; c'est là qu'il renferme ses papiers de famille.

Daniel obéit, força la serrure du tiroir, prit le portefeuille, en interrogea les papiers et poussa tout-à-coup un gémissement.

Les pressentiments de ma mère n'étaient que trop réels, murmura-t-il. Tenez, voyez la suscription de ce paquet :

Pour mes enfants, après ma mort.

— Lisez, Daniel, lisez, lisez mon fils! dit madame Van-Gastel, mourante.

Pétrus, dont un tremblement convulsif se-

couait tous les membres, voulut s'approcher
de son frère pour lire avec lui. La force lui
manqua ; il tomba presque inanimé aux pieds
de sa mère.

Daniel décacheta le paquet, lut, d'un regard, la lettre qu'il contenait et jeta un cri
de désespoir.

Au même instant la porte du cabinet s'ouvrit et le bourgmestre apparut.

Madame Van-Gastel s'élança au-devant de
lui et lui sauta au cou. Pétrus couvrit de baisers la main de son père; Daniel, seul, resta
immobile à sa place et laissa tomber la lettre
qu'il tenait.

— J'ai sauvé notre honneur, dit menheyr
Van-Gastel : les deux cent mille florins que

nous avions à payer ce matin sont soldés. Ils étaient entre les mains de menheyr Groot-bert, de Harlingen. J'arrive de cette ville à franc-étrier; voici les différents billets qui forment le total de la somme.

— Mon père, s'écria Pétrus! Mon père! Je savais bien que vous nous sauveriez. Maintenant qu'importe la pauvreté? Nous saurons la vaincre à force de travail et de persévérance.

Madame Van-Gastel, éperdue de joie, ne pouvait se détacher de son mari et de son fils; elle les couvrait tous les deux de caresses. Daniel demeurait à sa place, comme s'il eût été retenu par une force surnaturelle.

En ce moment, le bourgmestre jeta les yeux sur le bureau; il en vit le tiroir ouvert et la serrure brisée. Il s'élança, saisit le portefeuille et y chercha, par un geste rapide, quelque chose qu'il n'y trouva point.

— Il manque un papier ! il manque un papier ! s'écria-t-il ; vous l'avez lu ?

— Moi seul, je l'ai lu, mon père, bégaya Daniel.

— Éloignez-vous ! ordonna d'une voix altérée menheyr Van-Gastel ; éloignez-vous, Pétrus ; emmenez votre mère ! laissez-moi avec Daniel... Allez ! Allez ! Obéissez !

Madame Van-Gastel et Pétrus obéirent.

Le père et le fils restèrent seuls. Il se fit un moment de silence affreux.

— Dieu commence déjà mon châtiment !

dit menheyr Van-Gastel; vous savez mon secret, Daniel; vous savez par quel crime j'ai sauvé l'honneur de notre maison...

Daniel s'agenouilla devant le vieillard.

— Oh! mon père! mon père! qu'avez-vous fait?

— Tais-toi! tais-toi! dit-il. J'aurais dû étouffer un dernier scrupule et détruire le seul témoignage qui pût s'élever contre moi pour révéler ma honte : je n'aurais point à rougir maintenant devant mon fils ! Oui, Daniel, oui, pour que notre nom restât sans tache aux yeux du monde, j'ai dépouillé une orpheline !... j'ai volé un dépôt qui m'était confié. Maintenant, je ne puis revenir sur mon crime! Il est irrévocable! Il ne nous reste rien qui puisse racheter ma conscience.

Nous sommes condamnés désormais à la misère! J'aurais dû écouter la voix qui me disait tout bas, avant ma chute, de me donner la mort. Maintenant j'ai peur de me tuer! Dieu, m'attend là-haut; Dieu, qui me repoussera par ces paroles de ses divins commandements: Tu ne voleras point.—Oh! voleur... voleur... le bourgmestre Van-Gastel!

Eh bien! soit! reprit-il avec une sorte de délire, soit! Non, je n'aurai point commis un crime en vain. Personne ne saura jamais mon ignominie; personne ne pourra prouver ma bassesse!

Il prit le billet qui accompagnait la lettre de change et le jeta dans la cheminée. L'ardente fournaise de charbon de terre dévora, en une seconde, le morceau de papier. Bientôt même il n'en resta plus les cendres noirâtres et parsemées d'étincelles qui s'éteignirent une à une ; le souffle de la cheminée les aspira et les dissipa.

Le bourgmestre vint alors se placer devant son fils et s'y tint, les bras croisés et le sourire enragé du désespoir sur les lèvres.

— Eh bien ! fervent catholique , dit-il, qu'attendez-vous pour insulter votre père? pour le souffleter, au visage, de son infamie? L'autre jour, vous l'avez vu aux pieds d'une vieille femme sans pitié et sans cœur, sollicitant d'elle une aumône qu'elle lui a refusée! Aujourd'hui, vous savez qu'il a violé un dépôt et volé la fortune d'une jeune fille !

Daniel demeura respectueusement à genoux.

— Ce n'est point au fils à condamner le

père. Ma religion m'engage à vous vénérer et non à vous juger. Votre erreur résulte d'une cause sublime; il est encore grand de tomber de si haut! Vous êtes un martyr de l'honneur: la miséricorde de Dieu qui lit dans les cœurs vous prendra en pitié. Je le lui demanderai ardemment dans mes prières.

— Une voix s'élèvera plus puissante que la vôtre, Daniel : la voix de l'orpheline que la misère a déjà poussée peut-être à sa ruine... Car, Daniel, vous ne connaissez pas toute l'etendue de mon crime; vous ne savez pas toute la vérité : Marianne n'a point quitté, de son gré, Baas Blum; on l'a chassée de l'hôtel ou ce misérable ivrogne l'avait abandonnée, sans argent et sans protection. Vous le voyez ; je suis bien plus lâchement coupable que vous ne le croyez. Maintenant que tout est accompli, mes yeux se sont déssillés ; je comprends l'étendue et les conséquences exécrables de mon vol! Daniel, mon enfant, que je souffre! Mon Dieu! que je souffre!

Mon père! mon père!

— Et aucun moyen de réparer ma faute, aucun! Quand je proclamerais hautement ma honte, quand j'irais me jeter aux piéds de l'homme à qui je viens de donner les deux cent mille francs de Marianne, en échange de ces billets qui me brûlent les mains, il se rirait de moi : il ne voudrait même pas m'écouter. Combien la volonté divine me punit de mon inflexible sévérité envers les autres, et de mon orgueil dans une force décevante dont il me démontre aujourd'hui le néant!

— Mon père, interrompit Daniel, il est un moyen de réparer envers Marianne, les torts qui vous causent tant de douleurs. Je vais partir pour Paris, si vous me le permettez.

— Vous, Daniel? Et qu'espérez-vous y faire pour cette jeune fille? que pouvez-vous pour adoucir mes remords?

— Elle est abandonnée de tous; elle lutte contre la misère, et peut-être contre des conseils funestes. Je deviendrai pour elle un protecteur et un père : à son âge, quelque coupable qu'on semble, le cœur ne saurait se trouver complétement perverti. La fatalité, une éducation dangereuse et une imagination, imprudemment excitée l'ont seules entraînée, j'en ai la conviction. D'ailleurs, une voix secrète, que les apparences qui s'élèvent contre Marianne n'ont jamais pu étouffer, me l'affirme : elle n'est point coupable. Eh bien! je lui dévouerai désormais ma vie; je la soutiendrai; je la rendrai digne de devenir la compagne d'un honnête homme. Mon père, veuillez donner votre consentement à mon mariage avec Marianne de Selvignies, je vous le demande à genoux.

Le bourgmestre attira son fils contre sa poitrine et le pressa tendrement dans ses bras.

—Non, non, dit-il, je ne te laisserai jamais, Daniel, sacrifier ta vie entière à réparer ma faute. As-tu donc oublié que cette jeune fille, dans son amour insensé pour toi, foulait aux pieds les lois les plus saintes de la pudeur? As-tu donc oublié cette nuit terrible où, tandis que tu luttais pour elle contre ton frère, je l'ai surprise dans ta chambre? Je ne veux pas que la femme de mon fils ne soit pas une jeune fille irréprochable. Mon honneur

est perdu; je ne veux pas du tien pour le racheter.

— Il faut la sauver, mon père! Il faut l'arracher aux conséquences funestes de nos torts
envers elle. D'ailleurs, ne croyez pas que
j'accomplisse avec répugnance les devoirs que
je vais remplir près d'elle; non. Lorsque je
la croyais heureuse en France et séparée de
nous pour toujours, rien ne pouvait me la
faire oublier. Si je l'avais su malheureuse, je
serais accouru près d'elle. Ce que j'éprouve
n'a plus rien d'un amour insensé; c'est une
tendresse de frère.

— Ne poursuis pas tes généreux mensonges, mon fils; ne cherche pas plus longtemps
à me tromper et à te tromper toi même.

— Il n'est point d'autre moyen de la sauver...... Et il faut la sauver, mon père! Si nous l'abandonnions, Dieu nous demanderait compte, un jour, de la destinée de Marianne.

— Tais-toi! tais-toi! Daniel, par pitié.

Il passa ses mains sur son front, rassembla ses idées, et dit à son fils, après un instant de réflexion :

— Il faut attendre à demain pour prendre une résolution d'une telle gravité. Je passerai la nuit en prière; je demanderai à Dieu de m'éclairer et de m'inspirer... Avant de nous séparer, mon enfant, laisse-moi t'embrasser encore une fois; laisse-moi te demander pardon de la froideur et de l'injustice qui s'étaient glissées dans mon ame contre toi. Daniel, mon fils, mon enfant bien-aimé, au milieu des justes remords qui me déchirent, tu m'as apporté une consolation ineffable!

Tous les deux sortirent du cabinet, à la porte duquel Pétrus et madame Van-Gastel attendaient avec une anxiété facile à comprendre. Le bourgmestre s'appuyait affectueusement sur le bras de son fils.

— Dieu bénisse notre Daniel! dit le vieillard en se tournant vers la mère du jeune homme; c'est un noble cœur et un fils pieux.

Ces paroles jetèrent un rayon de joie à travers la désolation de madame Van-Gastel. Jamais son mari n'avait eu, pour son fils, les regards de tendresse et d'émotion qu'il tenait attachés sur lui.

Le bourgmestre se retira dans sa chambre, après avoir engagé sa femme et ses enfants à prendre quelque repos.

— Vous pouvez dormir! vous! leur dit-il,

avec un sourire qui déchira le cœur de Daniel :
vous pouvez dormir. L'honneur de la famille
Van-Gastel est sauvé!

Le bourgmestre passa toute la nuit à
écrire : il adressa d'abord au roi sa démission du titre de bourgmestre. Ce sacrifice pénible accompli, il se mit à examiner ses livres
de commerce avec une lucidité inexplicable
pour ceux qui ne savent point, par expérience, qu'au milieu des plus terribles déses-
poirs, domine presque toujours un sang-froid
sinistre et calme, comme en éprouve le pa-
tient près du bourreau. Sans apaiser les
spasmes de sa crise, sans adoucir une seule
de ses tortures, il lui fait mesurer inexora-
blement l'étendue et les conséquences funestes
de sa faute. Damiens qui, pendant son supplice, soulevait la tête et interrompait ses gé-
missements pour regarder avec curiosité les

effets des tenailles rougies au feu, peut seul donner une idée de cette horrible situation de l'ame.

Le bourgmestre résuma donc sa situation, entreprit de longs calculs, et finit par reconnaître et par constater que, la liquidation terminée et tous ses biens vendus, il ne lui restait que deux mille florins.

Il fallait donc qu'à cinquante-cinq ans il entrât, comme simple commis, dans une maison de commerce, qu'il se séparât de ses fils, et qu'il vît sa femme condamnée à une existence pauvre et isolée. Il accepta toutes ces conséquences de son infortune. Seul, le souvenir de Marianne le poignait. Dès que le jour parut, il se rendit dans la chambre de Daniel.

Daniel, après avoir terminé ses préparatifs

de départ, écrivait à son père pour lui annoncer qu'il se rendait en France.

— Et moi, mon fils, je venais vous demander de partir sur-le-champ, répliqua menheyr Van-Gastel. Voici deux mille florins; vous les remettrez à Marianne.

En vendant mes argenteries, seule ressource qui nous reste, je pourrai facilement remplacer cette somme, réservée au paiement d'un dernier billet dont l'échéance arrive après-demain. C'est une faible restitution à l'orpheline que j'ai dépouillée. Désormais, ce que produira mon travail appartiendra à cette jeune fille. Adieu! Daniel; partez, mon fils.

Daniel alla embrasser sa mère et son frère, qui ne l'interrogèrent pas sur les motifs de

son voyage : ils étaient habitués à respecter
les ordres du chef de la famille, à les voir
exécuter par d'autres ou à les accomplir eux-
mêmes, sans jamais en rechercher les motifs.

Tandis que Daniel quittait la Frise et se
dirigeait vers Paris, la ville entière de Lewardeen s'entretenait de la ruine de menheyr
Van-Gastel. Quoique son caractère inflexible
lui valût peu d'amis, chacun cependant com-
pâtissait à une infortune aussi éclatante, et
s'empressait de lui offrir des témoignages de
sympathie. Les principaux négociants de la
ville vinrent, en corps, adresser des offres de
service à leur confrère. Les membres de la
municipalité, par une démarche des plus honorables et sans exemple jusque-là, mirent à
l'ordre du jour, et firent inscrire sur le re-
gistre de leurs délibérations, l'expression des

regrets que leur causait la démission du bourgmestre.

Dès le lendemain du départ de son fils Daniel, menheyr Van-Gastel avait réuni ses commis et ses domestiques, leur avait payé leurs gages et les avait congédiés. Après cela, il était sorti de sa maison avec sa femme et Pétrus, sans emporter autre chose qu'un paquet de linge et une somme d'argent de soixante florins. Cela se fit le soir, sans bruit, sans ostentation, simplement et comme une chose toute naturelle. Ils allèrent prendre possession d'un petit logement qu'un des amis de menheyr Van-Gastel avait mis à sa disposition.

Madame Van-Gastel ne laissa échapper ni une plainte ni un murmure; elle s'établit dans sa nouvelle habitation et se mit à préparer, de ses mains, le dîner de la famille, comme si la veille encore elle n'eût pas été entourée de domestiques empressés à la servir. Le lendemain matin, Pétrus partit pour aller remplir, à Rotterdam, les fonctions de premier commis chez un correspondant de son père. Une place de caissier attendait, dans la même maison, menheyr Van-Gastel, dès que les travaux de sa liquidation ne le retiendraient plus à Lewardeen.

Un mois après, il ne restait plus rien de la splendeur de cette vieille maison, célèbre dans les fastes commerciales de la Frise. Un négociant de la ville avait acheté et démoli, pour y faire construire des magasins, le logis de l'ancien bourgmestre. Un marchand de tableaux avait déjà vendu, à des amateurs qui se les disputaient, les principales œuvres de la galerie héréditaire, et la chute du bourgmestre semblait oubliée partout. Quelquefois, lorsque, dans un des petits miroirs doubles qui espionnent les passants, à chaque fenêtre hollandaise, on voyait se réfléchir les traits altérés et les cheveux blanchis du négociant ruiné, on disait avec un sentiment de compassion : « Pauvre menheyr Van-Gastel, comme il vieillit! » Mais on oubliait bientôt cette figure désolée; la pitié n'atteint jamais à une longue durée; elle se fatigue vite; comme disait Montaigne : — « Elle ressemble aux bonnes odeurs qui s'évaporent par l'usage et le débouché. »

Il y avait toutefois, dans Lewardeën, un sujet d'entretien qui ramenait souvent le nom de menheyr Van-Gastel : sa démission des fonctions de bourgmestre. Cette démission avait mis en émoi toutes les ambitions de la ville : on attendait avec impatience le moment de connaître l'issue de la lutte qui commençait à s'engager entre les principaux candidats. Le gouverneur prévoyait les nombreuses et inextricables difficultés que la déception de tous ces amours-propres amènerait dans la ville. En Frise, l'indépendance et l'esprit d'opposition des habitants de cette vieille province couvent encore, prêts sans cesse à éclater en incendie, sous le souffle de la moindre tempête.

Le gouverneur de la province résolut donc d'inviter menheyr Van-Gastel à conserver le titre de bourgmestre et à en exercer les fonctions comme par le passé. La plupart des notables de la ville appuyèrent cette demande par une députation. Tous trouvèrent le vieillard inexorable. Il leur répondit que désormais l'obscurité seule convenait à sa position et à ses goûts ; qu'il avait payé son tribut à son pays natal; enfin que Lewardeen possédait un grand nombre de citoyens plus dignes que lui d'exercer les fonctions de premier magistrat. Sans les remords qu'il éprouvait, menheyr Van-Gastel eût peut-être cédé à une démarche aussi honorable; mais la pensée de sa faute, et la honte qu'il en éprouvait, lui faisaient rejeter avec horreur toute pensée d'orgueil. Les témoignages d'estime de ses compatriotes le rendaient plus méprisables encore à ses yeux.

Un matin, le carillon de la ville se mit à tinter ses plus beaux airs, et fit dire pompeusement à toutes ses clochettes le chant national de la vieille Hollande. En rentrant chez lui, après une course nécessitée par les dernières affaires de sa liquidation, menheyr Van-Gastel remarqua, dans les rues, un mouvement inusité et une grande affluence de promeneurs. Il se demanda quelle fête pouvait mettre ainsi chacun en émoi, et se hâta de gagner sa demeure ; la joie des autres ajoutait encore à son morne désespoir. A peine était-il assis devant son foyer, qu'un homme âgé, vêtu d'une longue redingote bleue et appuyé sur une canne de jonc à pomme de porcelaine chinoise, entra, salua, et prit place de l'autre côté du foyer. Il posa sans façon sa grosse chaussure sur le rebord du poêle, où grondait un énorme morceau de houille embrâsée, ôta les gants de laine qui recouvraient ses mains, et demanda à Van-Gastel stupéfait :

— Pourquoi refusez-vous de garder les fonctions de bourgmestre?

A cette voix, brusque et bonne tout à la fois, le négociant se découvrit et tomba les genoux en terre.

— Sire, dit-il, sire, votre majesté ne peut

point comprendre la douleur qu'elle me cause en ce moment!

— Relevez-vous, mon vieil ami, reprit le roi Guillaume, qui partageait l'émotion de Van-Gastel; relevez-vous, et suivez-moi chez le gouverneur où ma suite m'attend. J'ai appris votre entêtement à ne point obéir à mes ordres; je suis venu pour vaincre cette résistance. A têtu! têtu et demi! Je veux que personne, dans mon royaume, ne puisse m'égaler en énergie de volonté. Quels motifs avez-vous de refuser? Votre pauvreté? Elle est honorable; vous ne devez rien à personne; vous avez tout sacrifié à l'honneur de votre nom. Je n'en connais pas de plus pur et de meilleur dans toutes mes provinces, où ne manquent pourtant pas les citoyens honorables. Je serais fier de le porter! Si je n'étais Guillaume, je voudrais être Van-Gastel! Vous resterez bourgmestre, c'est une affaire conclue. Puisque vous me rendez service en gardant des fonctions onéreuses, vous me permettrez, n'est-ce pas, de vous indemniser par une pension de quatre mille florins? Allons, mon vieux, mon fidèle serviteur, venez, donnez-moi votre bras et rendons-nous chez le gouverneur.

— Non, sire, non, je suis indigne de vos bontés. Je ne mérite point tant d'honneur.

— Pas un mot de plus, menheyr Van-Gastel; votre bras et marchons.

— Mon Dieu! mon Dieu! ces honneurs me sont mille fois plus affreux que l'infamie elle-même! pensait avec désespoir le malheureux bourgmestre. Ils redoublent mon mépris pour moi-même; ils me couvrent d'une honte que je ne puis avouer. Ils me condamnent au mensonge et à l'hypocrisie. Oh! comme votre justice est inexorable et terrible, mon Dieu!

Ici, le livre doit changer de titre, et prendre le nom de *Daniel*, car Daniel en devient le principal personnage.

Puissiez-vous, ami lecteur, attendre avec quelque impatience la seconde série de notre histoire.

FIN DU DEUXIÈME ET DERNIER VOLUME DE MARIANNE
DE SELVIGNIES.